Heinrich Schultheis
Rosen

W0178485

Heinrich Schultheis

Rosen
Die besten Arten und Sorten für den Garten

134 Farbfotos
35 Zeichnungen

VERLAG
EUGEN
ULMER

Umschlagfotos
Großes Bild links:
'Danse des Sylves' mit *Campanula persicifolia* und *Linaria purpurea*.
Rechts oben: Teehybride 'Gloria Dei.'
Rechts mitte: *Rosa canina* var. *ragusina*.
Rechts unten: Bourbon-Rose 'Mme Isaac Pereire'.

Die Deutsche Bibliothek – CIP-Einheitsaufnahme

Rosen: die besten Arten und Sorten für den Garten / Heinrich Schultheis – Stuttgart : Ulmer 1996
   (Kennen & Pflegen)
   ISBN 3-8001-6601-1
NE: Schultheis, Heinrich

© 1996 Eugen Ulmer GmbH & Co.
Wollgrasweg 41, 70599 Stuttgart (Hohenheim)
Einbandgestaltung: A. Krugmann, Freiberg am Neckar
Herstellung: Steffen Meier
Lektorat: Gerhard Bley, Karin Fricker
Satz: Steffen Hahn GmbH, Kornwestheim
Druck und Bindung: Manfrini R. Arti Grafiche
Vallagarina S.p.A.
Printed in Italy

Vorwort

Das Interesse an der Rose ist ungebrochen. Allerdings ist eine Verlagerung der Kundenwünsche deutlich erkennbar: weg von großflächigen Pflanzungen in uniformen Beeten, hin zu vielseitigerer Verwendung der Rose, vor allem auch in Kombination mit Stauden und Gehölzen. Entsprechend hat sich das Sortiment während der letzten zehn Jahre gewaltig ausgebreitet. Viele moderne Rosen sind neu auf den Markt gekommen – vor allem als Ergebnis der Bemühungen der Züchter, Rosen mit größerer Widerstandskraft gegen Krankheiten anzubieten, außerdem neue Gruppen von Rosen, insbesondere die sogenannten Bodendecker. Nicht zuletzt ist das Interesse an historischen Rosen gestiegen. Alles in allem ist das Angebot so vielfältig geworden, daß es selbst für den Fachmann schwierig ist, den Überblick zu behalten.

Dieses Buch ist das Ergebnis meiner langjährigen Erfahrung als Rosenschuler aus meinem täglichen Kontakt mit den Kunden, zu denen Liebhaber und Fachleute gehören, Besitzer kleinster und großer Gärten, Anfänger wie Kenner, Fachleute in den Gartenämtern und

Architekturbüros, Baumschuler-Kollegen und Floristen.

Ein Kapitel über die Geschichte der Rosen soll helfen, die Unterschiede zwischen den vielen Gruppen von Rosen besser zu verstehen. Der Schwerpunkt des Buches liegt auf der Beschreibung aller wichtigen Rosengruppen und ihrer besten Vertreter in Wort und Bild. Es soll ein Führer sein durch das kaum noch überschaubare Angebot, weiterhin als Ratgeber für die standortgemäße Sortenauswahl und für eine naturgemäße Pflege dienen, Grundvoraussetzungen für Freude an gesunden Rosen. Aber auch Schädlinge und Krankheiten werden ausführlich beschrieben sowie Maßnahmen zur Vorbeugung und Bekämpfung.

Gerade in einer Zeit, in der die Verantwortung gegenüber der Natur immer stärker ins Bewußtsein der Öffentlichkeit rückt, ist es mir ein Anliegen, die vielfältigen Verwendungsmöglichkeiten der Rosen im Rahmen einer naturgemäßen Garten- und Landschaftsgestaltung aufzuzeigen.

Heinrich Schultheis
Bad Nauheim-Steinfurth, im Oktober 1995

Danksagung

Dieses Buch wäre ohne die großzügige Hilfe der vielen Freunde, die ich glücklicherweise habe, wahrscheinlich ein ewiger Traum von mir geblieben und nie oder erst zu einem wesentlich späteren Zeitpunkt geschrieben worden.

Mein Dank gilt zunächst meiner Frau Regina. Ihr verdanke ich fast alle Fotos und grenzenloses Verständnis für mich während meiner Arbeit.

Mein Sohn Sebastian führte mich in die Geheimnisse des Computers ein. Ohne ihn wäre ich hilflos gewesen.

Helga und Klaus Urban halfen mir in stundenlangen Gesprächen bei der Formulierung meiner Gedanken, und Marianne Beuchert leistete wertvolle Hilfe.

Ganz besonders danke ich dem Verlag Eugen Ulmer, der mich zu diesem Buch überhaupt angeregt hat. Herr Gerhard Bley hat mir Mut gemacht, und es war mir ein Anliegen, sein Vertrauen nicht zu enttäuschen.

Inhaltsverzeichnis

Erläuterung der Symbole im Kennen-Teil

FJ	Frühblühend
S	Sommerblühend (d. h. einmalblühend)
R	Remontierend (nachblühend)
D	Mehr oder weniger dauerblühend
A	Toleriert arme Böden
H	Geeignet für Hecken
T	Geeignet für Töpfe und Kübel
HS	Verträgt Halbschatten
F	Früchte
W	Geeignet für Waldgelände und Gehölzränder
GH	Erfordert Gewächshaus
SCH	Geeignet für Schnittblumen

Rosen in der Gartengestaltung

Die Vielfalt an Rosen ist so groß, daß für jeden Bereich geeignete Sorten zur Wahl stehen, solange die Lichtverhältnisse noch einigermaßen gegeben sind. Es gibt Rosen für Parks genauso wie für Reihenhausgärten, Balkons oder verträumte Hinterhöfe, ebenso für historische und für moderne Gärten: als Beetpflanze, als Heckenpflanze und als Kletterpflanze. Welche Kletterpflanze ist so ausdauernd und dankbar wie die endlos wachsenden Rambler? Ob für Hausmauern, Pergolen, Spaliere oder in Bäume kletternd – sie sind die idealen Blüher und Begrüner.

Das Rosenbeet

Dieser Klassiker der 50er bis 70er Jahre ist heute nur noch recht selten anzutreffen. So schön große Rosenbeete aus Floribunda-Rosen und Edelrosen auch sind, so bevorzugt die Mode heute mehr eine Mischung aus Stauden, Gehölzen und Rosen. Dies wirkt lebhafter und wird durch die Artenvielfalt interessanter. Sicher ist die lockere Mischung auch für die Gesunderhaltung der verschiedenen Arten wichtig. Zudem ist ein reines Rosenbeet im Winter nicht gerade attraktiv. Im Beet kann in Verbindung mit Blumenzwiebeln und Stauden ein lebhaftes Bild entstehen. Und das nicht nur für das Auge, sondern auch für die Welt der Kleintiere, die sich aus reinen Rosenbeeten sicherlich fernhalten würden. Kleine Sträucher ergänzen bei geschickt gewählter später Blütezeit ein Rosenbeet. Beispielsweise passen Bartblume (*Caryopteris*) und *Perovskia* gut dazu.

Rosen zwischen Büschen und Sträuchern

Zwischen andere Büsche und Sträucher fügen sich Rosen gefällig und duftend ein. Der größte Teil der Gehölze blüht im Frühjahr. So füllen die Strauchrosen die Blütezeit im Sommer. Je nach Höhe der Anpflanzung können gefällig wachsende Gallica-Rosen, Alba-Rosen oder Damaszenerrosen verwendet werden. Auch die etwas aufrechter wachsenden Modernen Strauchrosen kommen für eine Vorpflanzung in Betracht. Viele der Alten Rosen, die für solche Gartenteile eigentlich wie geschaffen sind, werden dafür jedoch nur selten verwendet, weil sie nur einmal blühen. Sie wurden durch ihre modernen Vettern verdrängt. Wer denkt schon daran, daß auch Forsythie und Johannisbeere, Spiere und Kolkwitzie nur einmal blühen? Nur von der Rose wird verlangt, daß sie ständig blüht. Oder ist es die riesig große Zahl der Sorten, die die Gartenarchitekten und -gestalter überfordert hat? Bei geschickter Auswahl beginnt die Blüte der Strauchrosen schon Anfang Mai mit hellen, leuchtenden Farben. *R. sericea* f. *pteracantha,* *R. hugonis,* 'Canary Bird', 'Golden Chersonese', um nur einige aufzuzählen, gehören zu den Glanzpunkten im späten Fühjahr. Ihnen folgen die großen *R. pimpinellifolia-(R. spinosissima-)* Hybriden wie 'Frühlingsgold', 'Maigold', 'Frühlingszauber' und 'Frühlingsduft'. Im Juni kommt dann die Hauptblütezeit der vielen alten und modernen Sorten. Ihre Zahl ist so groß, daß Lexika gefüllt werden könnten. Alle Farben, von zart rosa bis tief violettrot, sind vertreten. Dazu duften die meisten noch, und ihre Blüten sind für Potpourris und allerlei Näschereien zu verwenden: Rosenmarmelade, Gelee, Rosenzucker und Sirup. Können Sie das aus einer Forsythie oder Weigelie machen?

Rosen für Hecken

Hecken können auf verschiedene Weise gestaltet werden: freiwachsend oder geschnitten, hoch oder niedrig. Oft ist es auch eine Frage des Platzes. Soll die Hecke öfterblühend sein? Oder soll es eine gemischte Hecke aus Wildrosen sein, um den Vögeln Nistgelegenheiten zu bieten und Nahrung für den Winter zu geben?
Die niedrigsten Hecken sind die aus Floribunda-Rosen. Sie werden in Doppelreihen im Abstand von 60 cm gepflanzt. Fast alle Floribundas blü-

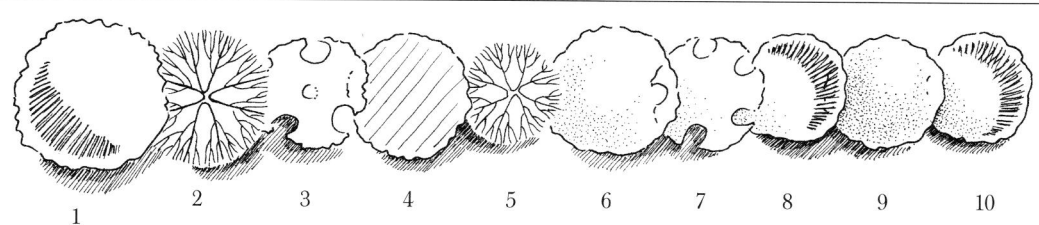

Hecke aus aufrechtwachsenden Alten Rosen (Pflanzabstand 1,5 bis 2 m):

	Rosengruppe	Sorte
1	Bourbon-Rose	'Vivid'
2	Alba-Rosen	'Maxima'
3	Zentifolie	'Fantin-Latour'
4	Damaszenerrose	'Quatre Saisons'
5	Moosrose	'William Lobb'
6	Moschus-Rose	'Semiplena'
7	Alba-Rose	'Königin von Dänemark'
8	Damaszenerrose	'Quatre Saisons Blanc Mousseux'
9	Zentifolie	'Reine des Centfeuilles'
10	Damaszenerrose	'Trigintipetala'

Eine **öfterblühende** Hecke mit im gleichen Abstand gepflanzten Rosen wirkt etwas lichter und steiler. Voll und buschig erscheint sie, wenn 'Stanwell Perpetual' oder Moschus-Rosen dazwischen gepflanzt werden:

1	Moderne Strauchrose	'Centenaire de Lourdes'
2	Moschus-Rose	'Nur Mahal'
3	Remontant-Rose	'Mrs. John Laing'
4	Pimpinellifolia-Rose	'Stanwell Perpetual'
5	Moderne Strauchrose	'Lichtkönigin Lucia'
6	Moderne Strauchrose	'Schneewittchen'
7	Moderne Strauchrose	'Marguerite Hilling'
8	Englische Rose	'Eden Rose'
9	Moschus-Rose	'Ballerina'
10	e Strauchrose	'Nevada'

Wildrosenhecken werden gleichfalls mit einem Abstand von 1,5 bis 2 m gepflanzt. Sie sind wurzelecht, undurchdringlich und ein guter Vogelschutz. Folgende Sorten sind geeignet:

R. rubiginosa	*R. virginiana*
R. canina	*R. pimpinellifolia*
R. multiflora	*R. majalis*

hen bis in den späten Herbst. Sie werden im Frühjahr zurückgeschnitten und wie alle Beetrosen behandelt. Eine solche Hecke braucht nicht viel Platz, etwa 1 m in der Breite ist ausreichend. Öfterblühend, aber etwas breiter, sind die *R. moschata*-Hybriden: 'Ballerina', 'Heinrich Conrad Söth' und 'Heideröslein' oder die größerblumigen Sorten 'Felicia', 'Penelope', 'Prosperity' und 'Vanity'. Ohne daß man viel schneiden muß, bilden sie dichte Hecken. Gepflanzt wird im Abstand von etwa 1 m in einer Reihe. Gerne werden auch die Rugosa-Sorten verwendet; von der Wildform *R. rugosa* bis zu ihren Hybriden sind sie alle geeignet. Markant durch ihre etwas runzeligen Blätter, sind sie leicht zu erkennen. Die Hecke braucht nur alle 1 bis 2 Jahre geschnitten zu werden, dann aber meist recht scharf. Auch hier wird in einer Reihe gepflanzt, mit einem Pflanzabstand von 80 bis 100 cm. Alle Strauchrosen der neuen Generation dürfen nicht zu dicht gepflanzt werden. Mindestabstand ist auch hier 1 m.

Eine freiwachsende Hecke aus Wildrosen ist nur in großen Gärten möglich. Solch eine Hecke wird 2 bis 3 m breit. Alle Wildrosen und viele der aufrechtwachsenden Alten Rosen können dabei verwendet werden. Wenn ausreichend Raum vorhanden ist, kann versetzt gepflanzt werden. Die Pflanzabstände sollten jedoch bei vielen Sorten 1,5 bis 2 m nicht unterschreiten. Das sieht in den ersten 1 bis 2 Jahren noch spärlich aus, doch die Pflanzen danken Ihnen später die ausreichenden Pflanzabstände. Ein Korrekturschnitt sollte im Sommer sofort nach der Blüte erfolgen; dann können die Rosen noch durchwachsen und viele Blütentriebe bilden. Stark aufschießende Bodentriebe sind rechtzeitig einzukürzen. Solche Hecken können bunt gemischt sein oder nur aus einer Sorte bestehen.

Eine weitere Möglichkeit ist ein mit Ramblern beranktes Spalier. Ein Holzspalier, einige Spanndrähte oder ein Maschenzaun reichen aus. Aber denken Sie daran, daß das Gestell auch eine riesige Last zu tragen haben wird, vor allem wenn ein Regen die Pflanzen zusätzlich beschwert. Es muß deshalb sehr solide gebaut sein. Alle Rambler können verwendet werden. Der Pflanzabstand sollte etwa 3 bis 5 m betragen. Die ersten Triebe werden recht flach gezogen, und schon im dritten Jahr ist der Zaun dicht. Die Hauptarbeit ist das Anbinden an die Gestelle, denn bei Ramblern kann man fast zusehen, wie sie wachsen. Wie wärs mit einer Gartenlaube aus Ramblern?! Durch tausende von Blüten in den Sommermonaten ist sie sicherlich ein viel besuchter Ort.

Die dritte Dimension

Um Schwerpunkte in der Gestaltung zu setzen, sind aufrechte, vertikale Elemente besonders wichtig. Dadurch entstehen verschiedene Gartenräume und völlig neue Blickwinkel. Pyramiden oder Rosenbögen können solche Raumteiler sein. Auch hier sollte an der Stabilität nicht gespart werden. Kräftige Rosenbögen aus verzinkten Eisenstäben halten auch das große Gewicht von blühenden Rosen. Bei Pyramiden sollten wenigstens starke Holzpfähle verwendet

werden, die hochdruckimprägniert sind. Sie werden als Dreibock aufgestellt und mindestens einen halben Meter in der Erde verankert. Man kann Quersprossen aufnageln oder rundum Drähte spannen.

Kletterrosen eignen sich für fast alle Fassaden, Ost- oder Westlagen sind jedoch vorzuziehen. In 30 bis 40 cm Abstand gespannte Drähte sind ein gutes Gerüst. In Südlagen sind Kletterrosen auch möglich, wählen Sie aber bitte nur die robustesten Sorten. Zudem sollten die Drähte mit Abstandhaltern etwa 30 cm vor der Wand angebracht sein, um auch noch hinter der Rose eine gewisse Luftzirkulation zu gewährleisten. Die trockenen Hausmauern sind oft ideale Plätze für die Rote Spinne und für Pilzkrankheiten. Hier muß die Rose besonders sorgfältig gepflanzt werden, damit es ihr an nichts fehlt, und es sollte öfter als sonst gewässert werden.

Eine Pergola am Sitzplatz läßt sich aus einigen rohen Holzbalken zimmern, die nicht zu dünn sein dürfen. Kletterrosen und Rambler haben sie bald erklommen und runden den Gesamteindruck ab. Gut sind auch einige *Clematis,* wenn man sie farblich dazu passend pflanzt. Sie stören die Rosen nicht.

Kletterrosen, die in Bäume klettern („Rambler"), werden immer beliebter. Diese Sorten – sie blühen meist weiß, rosa oder gelblich – erklimmen den Baum sehr schnell. Bitte keinen frisch gepflanzten Apfelbaum auswählen, es sollten schon ältere, ausgewachsene Bäume sein. Solche Rambler erreichen leicht eine Höhe von 10 m. In den ersten Jahren fristen sie oft ein Schattendasein, bis ihre ersten Triebe oben über die Baumkrone ragen und dann auch die ersten Blüten kommen. So kann der Apfel- oder Birnbaum ein zweites Mal im Jahr „blühen". Zudem haben die meisten Rambler auch noch eine schöne Herbstfärbung und bilden kleine Hagebutten. Gepflanzt werden sollten sie besonders sorgfältig, denn einige der Kletterhilfen, z. B. Apfel- oder Kirschbäume, gehören zu den Rosaceaen wie die Rosen selbst; das Problem der sogenannten Bodenmüdigkeit ist deshalb zu beachten (siehe Seite 83). Die Erde sollte gut aus-

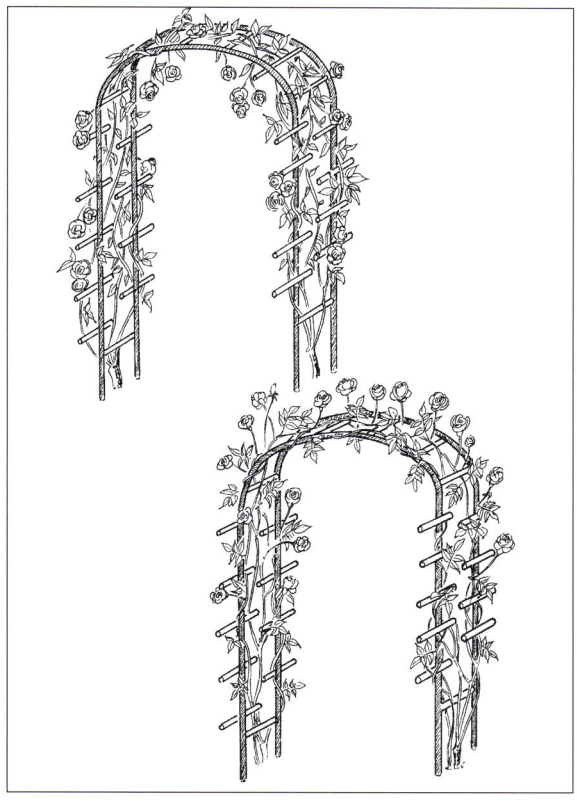

Ein alter Baumstumpf eignet sich gut als Kletterhilfe für Rambler oder Kletterrosen. So erwacht er zu neuem Leben und trägt die Rosen für viele Jahre

Um schöne runde Rosenbögen zu erzielen, sollte man Ramblerrosen (links) verwenden. Die dünnen langen Triebe können leicht gebunden werden und blühen dann im Juni und Juli. Die Blüten sind schön über den ganzen Bogen verteilt. Auch die aufwärtsstrebenden langen Ranken bringen ausreichend Blüten hervor. Ergänzt mit *Clematis*-Hybriden trägt der Bogen dann auch noch Blüten bis in den Herbst. Öfterblühende Kletterrosen (rechts) bringen zwar über eine längere Zeit Blüten hervor, jedoch stehen die Blütentriebe wie ein Besen über dem Bogen. Dadurch wirkt er kantig und starr.

nach einigen Jahren oft eine schöne Überraschung: Der Stamm wird morsch und die ganze Pracht fällt bei einem starken Regen oder Wind um. Das Ganze wieder aufzurichten ist nicht möglich. So muß die Schere her und stark geschnitten werden. Wundern Sie sich nicht, wenn der Lastwagen schneller voll ist als Sie glauben. Aber keine Sorge: der Rambler schafft es meist wieder erstaunlich schnell, seine frühere Größe zu erreichen, wenn man ihm nur eine geeignete Kletterhilfe gibt.

getauscht werden. Ein Pflanzloch – in einigem Abstand vom Stamm – in den Maßen 60 × 60 × 60 cm ist sicher nicht zu groß. Wenn alte, unansehnliche Baumstümpfe als Kletterhilfe ausgewählt wurden – und für solche Standorte eignen sich Rambler besonders gut, gibt es dann

Der Wildgarten

Da der Wildgarten oft etwas schattig ist, eignen sich alle Wildarten der Rosen. Wenn man sie in Gruppen pflanzt, gibt man ihnen die besten Chancen sich zu entwickeln und gegen die anderen Pflanzen zu behaupten. Allzu schattig sollte der Standort aber auch nicht sein, denn keine Rose liebt den Schatten. Die Nadelholzwälder in den Gärten der 60er Jahre können so neues

Leben bekommen, denn die tiefwurzelnden Strauch- und Kletterrosen kommen dort gut zurecht, wenn sie durch ausreichend große Pflanzgruben einen guten Start haben. Gerade unter den Wildrosen sind einige schöne Arten, die auch noch eine Herbstfärbung haben.

Flachwachsende Rosen

Die „Bodendeckerrosen", wie die flachwachsenden Rosen heute genannt werden, sind eine echte Alternative zu tristen *Cotoneaster*- und *Lonicera*-Pflanzungen. Es sind schon sehr viele Sorten auf dem Markt. Die Wuchshöhen sind jedoch recht unterschiedlich. 20 bis 100 cm hoch werden die meisten Sorten, daher sollten Sie beim Kauf unbedingt die Höhe der Sorte erfragen. Auch für Steilhänge eignen sich Rosen. Hier empfehle ich aber, oben auf den Hang Ramblerrosen zu pflanzen, und diese dann nach unten wachsen zu lassen. Das Unkraut bekommt man mit einer starken Mulchschicht aus Rinde jedoch leicht in den Griff. Haben Sie eine Mauer, die von oben bepflanzt werden kann? Diese alte Mauer kann so farbenfroh werden, daß sie zu einem Wallfahrtsort wird.

In Reihen gepflanzte Rosenhochstämme nach klassischem Vorbild. Die Girlanden bestehen aus langen Kletterrosentrieben. Sie werden an Seilen befestigt, die von einer Stammrose zur nächsten hängen. Die Kletterrosen werden in die Mitte zwischen zwei Hochstämmen gepflanzt. Gut verwenden läßt sich 'Setina', eine kleinblumige Kletterrose. Sie ist ein Sport der Sorte 'Hermosa'. Aber auch die kletternde Form der *R. rouletii* ('Climbing Pompon de Paris', 'Clbg. Rouletii') kann gut verwendet werden. Starkwachsende Sorten sind nicht geeignet. Zur Unterpflanzung können Zwergrosen in niedrig bleibenden Sorten Verwendung finden.

Hochstammrosen und Kaskadenrosen

Die Blütezeit der Hochstammrosen war im 18. und 19. Jahrhundert, als die Damen die großen weiten Reifröcke trugen und dadurch gehindert waren, an den niedrigen Rosen zu schnuppern. Deshalb wurden die Hochstammrosen erfunden, denn bei ihnen stören unten keine Äste, und die duftenden Blüten sind frei zugänglich. Heute erleben die Hochstammrosen eine Renaissance, wohl mehr aus Gründen der Gestaltung, denn sie fügen sich gut in Staudenbeete und niedrige Rosenbeete ein. Auch für Töpfe oder Kübel sind sie unentbehrlich. Der Stamm wird aus einer Wildrose gezogen. Deutsche Baumschulen verwenden dafür meist *R. canina* 'Pfänder' oder die Pollmersche Unterlage *(R. pollmeriana)*, für Pflanzen aus Holland oder England wird meist *R. rugosa* verwendet. Um eine schöne Krone zu erzielen, werden oft 2 bis 3 Veredlungen vorgenommen. In Frage kommen Beetrosen, Edelrosen, Bodendeckerrosen und immer häufiger Alte Rosen, da sie nicht so frostempfindlich sind und im Winter nicht eingepackt werden müssen. Gut duftende Sorten haben auch heute wieder den Vorzug.

Die kleinen Stämme nennt man Fußstämme. Mit einer Stammhöhe von 50 cm werden viele Fußstämme in Töpfen kultiviert, um später Terrassen und Höfe, Eingänge und Balkone farbiger und duftender zu gestalten. Verwendet werden dafür viele Zwergrosen und überhängende Bodendeckerrosen. Die Töpfe lassen sich leicht in ungeheizten Kellern oder in der Garage überwintern. Ganz austrocknen lassen darf man sie aber auch dort nicht.

Kaskadenrosen werden in einer Höhe von 140 bis 160 cm veredelt. Damit aus ihnen schöne, hängende Solitäre werden, sollten hierfür vorzugsweise Rambler oder weichtriebige Kletterrosen verwendet werden. 'Paul Noël', 'Ghislaine de Féligonde', 'Félicité et Perpétue', 'Albéric Barbier' oder 'Minnehaha' entwickeln sich zu schönen eindrucksvollen Exemplaren. Strauchrosen dürfen auch nicht unerwähnt bleiben: 'Schneewittchen', 'Ballerina', 'Rosarium Uetersen'. Sie hängen nicht so weit herunter, aber die Kronen werden mit den Jahren sehr breit. Daher sollte schon beim Pflanzen ein besonders dicker und langlebiger Stützpfahl verwendet werden.

Begleitpflanzen

Der Gestaltung des Gartens müssen grundlegende Überlegungen vorausgehen. Es gibt so viele Möglichkeiten, den Garten durch kleine Hecken formal und streng zu begrenzen oder durch fließende Übergänge von Stauden, Gehölzen und Rosen die Landschaft mit einzubeziehen. Sie können die schönsten Gartenrosen und die prachtvollsten Stauden beherbergen. Immer öfter werden naturnahe Gärten gepflanzt, die auch aus ökologischer Sicht besonders wertvoll sind. Fällt der Garten nicht zu klein aus, ist sicher bald die Tierwelt in großer Zahl vertreten (siehe auch Seite 147ff).

Der formale Garten

Quadrate, Rechtecke, Dreiecke oder Kreise, meist symmetrisch angeordnet und mit Wegen aus Naturstein, Klinker oder Kies ergeben eine strenge Form. Die Beete und Rabatten werden mit Buchsbaum *(Buxus)*, Lavendel, Katzenminze oder kleinen Hecken aus Rosen eingefaßt. Die alte Sorte 'Rouletii' eignet sich für solche kleinen Hecken sehr gut. Aber auch andere Zwergrosen sind hierzu verwendbar. Um Akzente zu setzen, werden Rosenbögen eingebaut und an exponierten Stellen Hochstamm- und Kaskadenrosen, geschnittene Kugeln oder Pyramiden aus Buchsbaum oder Eibe verteilt. Bei der Rosenbepflanzung sind die vielblütigen Edelrosen und Floribunda-Rosen vorzuziehen. Auch Alte Rosen mit nicht zu hohem Wuchs können gut verwendet werden. Es dürfte die pflegeaufwendigste Garten-Variante sein.

Der englische Gartenstil

Durch Bäume und Büsche, hohe Strauchrosen und Stauden entstehen verschiedene Räume. Der Garten ist nicht auf einen Blick überschaubar, und beim Durchschreiten ergeben sich immer neue Perspektiven. Hohe geschnittene Hecken, Heckenbögen als Durchgänge und Borders sind weitere Alternativen und besonders in

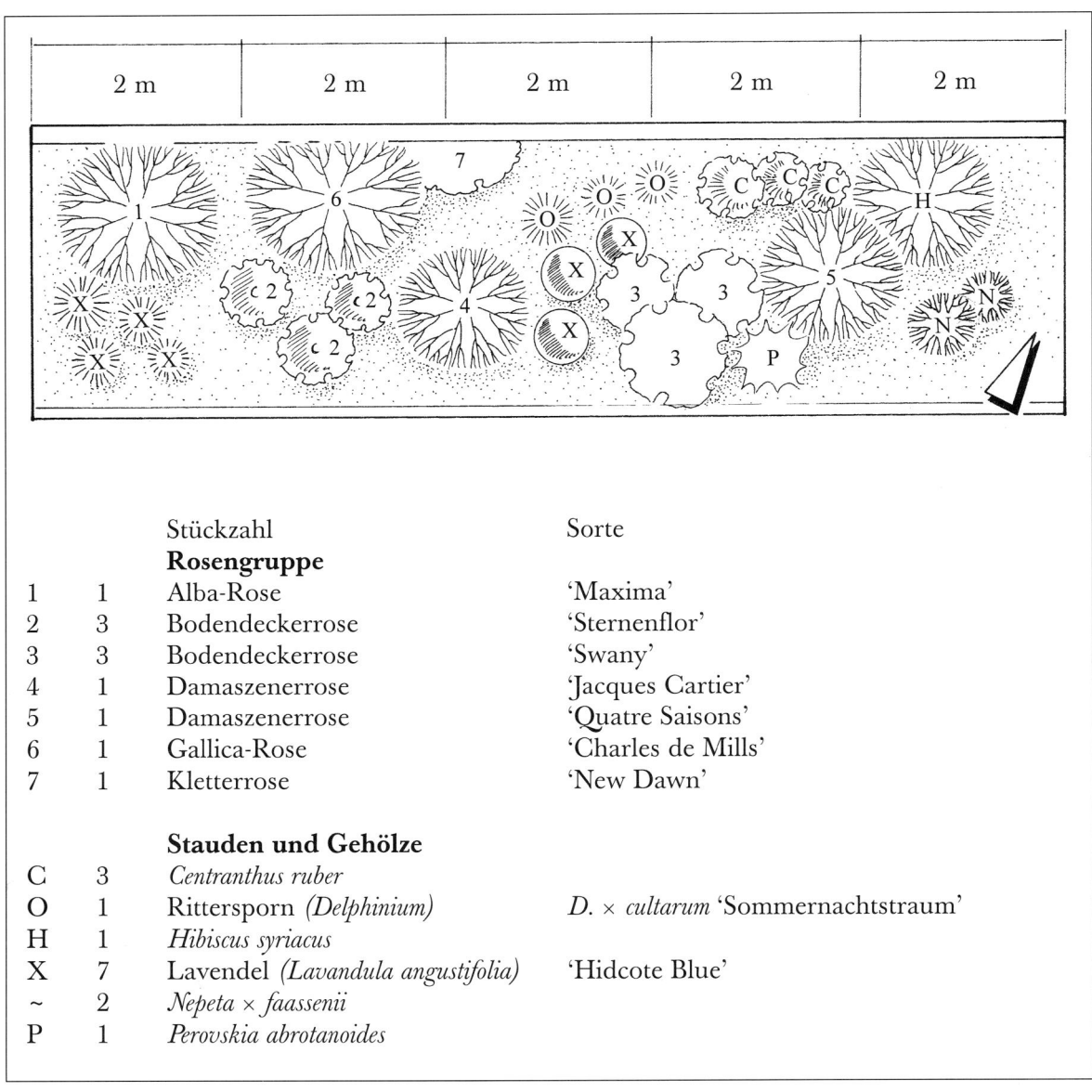

	Stückzahl	Sorte
	Rosengruppe	
1	1 Alba-Rose	'Maxima'
2	3 Bodendeckerrose	'Sternenflor'
3	3 Bodendeckerrose	'Swany'
4	1 Damaszenerrose	'Jacques Cartier'
5	1 Damaszenerrose	'Quatre Saisons'
6	1 Gallica-Rose	'Charles de Mills'
7	1 Kletterrose	'New Dawn'
	Stauden und Gehölze	
C	3 Centranthus ruber	
O	1 Rittersporn (Delphinium)	D. × cultarum 'Sommernachtstraum'
H	1 Hibiscus syriacus	
X	7 Lavendel (Lavandula angustifolia)	'Hidcote Blue'
~	2 Nepeta × faassenii	
P	1 Perovskia abrotanoides	

Rosenbeet mit Stauden und weiteren Gehölzen.

England anzutreffen. Die Wahl der Farben ist jedem Gartenliebhaber frei überlassen. Bunte, rote oder weiße Gärten haben große Vorbilder. Dabei können sehr unterschiedliche Pflanzenarten verwendet werden, z. B. Blumenzwiebeln und die schönen Blattschmuckstauden, locker wachsende Stauden wie Schleierkraut (*Gypsophila*) und Riesenschleierkraut und die graulaubigen Gehölze und Stauden. Da es bei Rosen kein Grau oder reines Blau gibt, passen alle Pflanzen in diesen Farbtönen dazu. Schöne Begleiter der Kletterrosen sind die *Clematis*-Hybriden. Ihre leuchtenden Blütensterne, farblich abgestimmt, bringen noch mehr Leben in die Rosenbögen und -pyramiden. Die Wildformen von *C. montana* wachsen zu schnell und sollten nicht gemeinsam mit Kletterrosen gepflanzt werden.

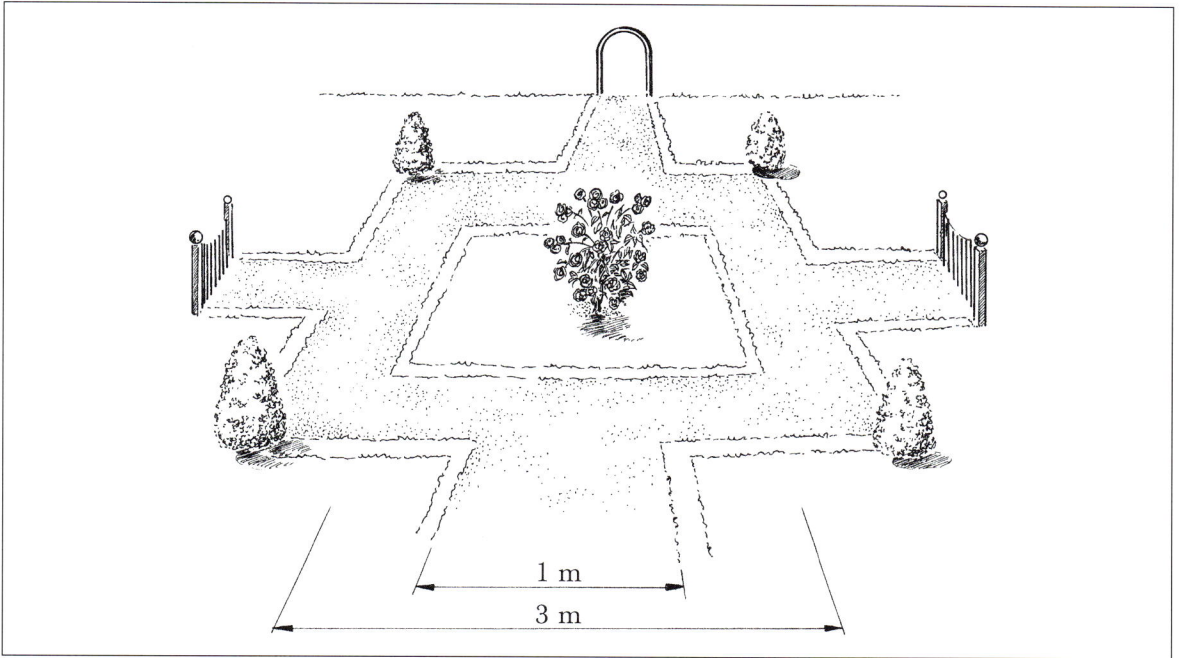

1 m

3 m

Formaler Rosengarten.

Kleine Buchshecken zeichnen klare Begrenzungen des Gartens. Vier Buchspyramiden oder Kugeln betonen die Eckpunkte. Im Zentrum erhebt sich eine Kaskadenrose (New Dawn'), unterpflanzt mit Bodendeckerrosen oder Zwergrosen ('Alberich'). Auch die Sorte 'Schneewittchen' eignet sich als Mittelpunkt, da sie eine schöne runde Krone aufbaut und lange blüht. Die Wege aus Platten, Steinen oder Kies sollten nicht schmaler sein wie 1 m. Die Außenflächen werden bepflanzt mit Edel- und Polyantharosen (4 bis 6 Stück/m²) oder niedrigen Alten Rosen. Der Pflanzabstand ist dann der Sorte entsprechend zu wählen, vor allem darf nicht zu dicht an die Buchshecke gepflanzt werden, da sie sonst überwachsen wird und verkahlt. An den zur Grundstücksgrenze auslaufenden Wegen kann eine Bank mit Rosenbogen zum Verweilen einladen.

Der naturnahe Garten

Locker mit Gehölzen und Wildrosen bepflanzte Flächen wechseln mit der Blumenwiese ab. Obstbäume und Küchenkräuter sind genau so wichtig wie Holzstapel, Reisighaufen und Tümpel für die Tierwelt des Gartens. Die Wildrosen sollten wenn möglich als wurzelechte Form gepflanzt werden. Eine große Zahl heimischer Wildrosen und deren Kreuzungen stehen zur Wahl. Man sollte es aber nicht zu eng sehen und auch die eingebürgerten Wildrosen aus Amerika und Asien mit verwenden, um somit auch spätere Blühzeiten im Garten zu haben.

Ein weißer Garten mit Rosen

Weiß ruft ganz bestimmte Bilder und Stimmungen hervor: Jugend und Unschuld, Kühle, Freiheit und Beweglichkeit, Transparenz und Geheimnis, Eleganz und, nicht zu vergessen, Ruhe. Ein weißer Garten kann der ideale Rahmen für all diese Vorstellungen sein. In ihm lassen sich Träume und Gefühle ausleben. Sie denken, ein Garten ganz in Weiß sei langweilig? Bedenkt man all die verschiedenen Weißtöne, die unterschiedlichsten Blütenformen, das dazugehörige Grün, von rötlich über goldgelb bis silbrig, und schließlich im Herbst die Hagebutten, gibt es

15

Abwechslung genug, besonders in einem kleinen Garten. Hinzu kommt, daß die meisten der duftenden Blüten weiß sind. So läßt sich auf kleinstem Raum ein duftendes kleines Paradies schaffen.

Und Rosen sollten im Mittelpunkt stehen. *R. × alba* 'Maxima' eignet sich hervorragend als Hintergrundbepflanzung in Staudenrabatten oder an einer Mauer. Sie blüht recht früh, ebenso die Bourbon-Rose 'Boule de Neige' und die Remontant-Rose 'Frau Karl Druschki', die beide auch ausgesprochen dekorativ vor einer schönen Eibenhecke aussehen. Zur Auflockerung dient ein Rosenbogen, bewachsen mit der reizenden *R. × alba* 'Suaveolens', die ein Gewinn für jeden Garten ist. Wer den Zauber alter Obstbäume erhöhen möchte, läßt einen Rambler wie *R. filipes* 'Kiftsgate' oder 'Bobbie James' hinaufklettern. Es ist faszinierend, wenn der Baum dann im Juni ein zweites Mal „blüht". Diese Rambler lassen sich aber auch gut verwenden, um einen unschönen Geräteschuppen oder eine alte Hütte zu kaschieren. 'Janet B. Wood' aus der kleinen Familie der Ayrshire-Rambler ist so starkwüchsig, daß sie an jeder Wand, selbst an einer Nordwand, ein Schmuckstück ist. Man kann diese Rose auch an einen dicken Pfosten binden, so daß sie dann grazil nach unten hängt

Die stark duftende 'Margaret Merril', 'Glamis Castle' aus der Gruppe der öfterblühenden Englischen Rosen und die einfach blühende 'White Wings' mit ihren schokoladefarbenen Staubgefäßen sehen in einer „mixed border" (gemischte Rabatte) wunderschön aus.

'Little White Pet' und 'Sternenflor' fügen sich in jede kleine Lücke ein. Aufrecht wachsende Sorten, wie die Teehybride 'Virgo', lassen sich auf kleinem Raum als Solitärstrauch, aber auch in einem Staudenbeet sehr wirkungsvoll plazieren. Rosen harmonieren sehr gut mit Stauden. Ein Sommertraum ist eine geschickt angelegte „mixed border" mit weißen Glockenblumen (*Campanula carpatica* 'Bressingham White'), Akelei (*Aquilegia*, besonders hübsch die Sorte *A. flabellata* 'Nana Alba'), weiß blühendem Lavendel oder auch *Geranium* (dem reizenden 'Kashmir White' oder *G. sanguineum* 'Album') als Zwischenbepflanzung. Auch Phlox in seinen verschiedenen Arten und Sorten (z. B. *Phlox paniculata* 'Pax') harmoniert gut mit Rosen. Zu den sommerlichen Begleitpflanzen gehören Rittersporn (besonders schön der niedrige *Delphinium* 'Snow Dwarf'), Fingerhut (z. B. *Digitalis purpurea* 'Alba'), die am Abend duftende Nachtviole (*Hesperis matronalis* 'Alba') und natürlich Lilien, von denen es wunderschöne weiße Sorten gibt, z. B. die Madonnenlilie *(Lilium candidum)* und die Königslilie (*Lilium regale* 'Alba').

Im zeitigen Frühling, wenn die Rosenstöcke noch wenig attraktiv sind, sehen Narzissen als Unterpflanzung wunderschön aus. Sie sind alles andere als „Lückenbüßer", und die Wahl zwischen den vielen weißen und sogar duftenden Sorten (z. B. 'Silver Chimes') wird Ihnen schwer fallen. Aber warum auch, wie bei den Rosen kann man auch von ihnen nie genug haben.

Sollten Sie einem weißen Garten immer noch skeptisch gegenüberstehen, so hat er doch besonders für Berufstätige einen großen Vorteil: Wenn man erst abends bei Dämmerung oder Dunkelheit seinen Garten genießen kann, sind Farben wie Rot oder Violett unsichtbar geworden, während alle weißen Blüten noch lange leuchten und den Betrachter erfreuen.

'Cardinal de Richelieu', *R. gallica,* Laffay 1840; Abstammung unbekannt. Die stark gefüllte, purpurviolette Blüte mit hellerem Petalengrund zeigt sich selten alleine auf den fast stachellosen Trieben. Das Laub ist meist reichlich, glatt und dunkelgrün und bekommt nur leider im Spätherbst leicht Mehltau. Beim Abblühen, wenn sich die Petalen zu einer pomponförmigen Blüte einrollen, färben sie sich dunkelviolett. Der ihr eigene starke Gallica-Duft zeichnet diese berühmte alte Sorte aus. Auf guten Böden wird die Pflanze leicht 1,50 m hoch. Neben weißen Formen von Rittersporn, Glockenblumen oder Fingerhut bietet sie einen guten Kontrast. A H T S 150 × 100 cm.

'Charles de Mills', *R. gallica,* syn. 'Bizarre Triomphant', vor 1811; Abstammung unbekannt. Aus den kugeligen Knospen entfalten sich duftende, dichtgefüllte Blütenschalen in Karminrot mit purpurnen Schattierungen. Die Blüten, oft geviertelt, stehen in Büscheln über dem dunklen, graugrünen Gallica-Laub. Der Strauch wächst aufrecht oder hängt leicht über. Ebenso wie andere gefüllte, dunkle Gallica-Hybriden bekommt sie im Herbst an den Triebspitzen leicht Mehltau, was der starkwachsenden, robusten Sorte jedoch nichts ausmacht. Mehltaubelegte Triebspitzen werden zum Herbst abgeschnitten. Eine weitere schöne Sorte ist 'Aimable Rouge' (vor 1800). A H S 120 × 120 cm.

'Officinalis', *R. gallica,* syn. 'Apotheker-Rose', 'Red Rose of Lancaster', vor 1310 in Kultur. Nicht nur die große, hell karmesin-rote Blüte mit auffallenden gelben Staubgefäßen machte diese Rose zum Anziehungspunkt jedes mittelalterlichen Kräutergartens – jeder Teil der Pflanze, von der Wurzel bis zur Blüte, wurde für Heilzwecke verwendet. Sie lieferte das Rosenwasser und Rosenöl für die Apotheken. Der sommerblühende, überhängende Strauch wird 1 m hoch und 1,20 m breit. Die für Gallica-Rosen typischen dunkel-gräulichgrünen Blätter und den guten Duft vererbte sie an viele Sorten aus der Gruppe. Ihre Urform ist *R. gallica* 'Pumila'. A F H Hs T S 100 × 120 cm.

'Tuscany Superb', *R. gallica,* vor 1848 in Kultur. Sie ist ein Sport der viel älteren 'Tuscany' (syn. 'The Old Velvet Rose'), die lange Zeit vor 1500 bekannt war. Durch ihren etwas stärkeren Wuchs und die noch dunklere Blüte verdrängte sie ihre Stammsorte. Die Blüte ist halbgefüllt, mittelgroß, samtig dunkelrot mit violetter Tönung. Auffallend sind die leuchtend goldgelben Staubgefäße. Sie wird etwa 1,50 m hoch, wächst überhängend und ist nur schwach bewehrt. Die Blüten duften stark. Weitere rote, ähnliche leicht gefüllte Gallica-Sorten, die ebenfalls sehr winterhart sind: 'Violacea', 18. Jh., 'James Mason', (Beales 1982) und 'Conditorum' – die „Konditorrose". A H T S 150 × 120 cm.

'Versicolor', *R. gallica,* syn. 'Rosa Mundi', etwa 1583.- Sie ist ein Sport von *R. gallica* 'Officinalis' und mit ihr bis auf die Farbe identisch. Mit ihren hell karmesinroten, weiß gestreiften Blüten ist sie die bekannteste und wahrscheinlich älteste der gestreiften Rosen. Etwas gefüllter, aber im Wuchs gleich, ist 'Camaieux', die 1830 in Frankreich entstanden ist. Alle Gallica-Rosen zeichnen sich durch ihre Robustheit und Winterhärte besonders aus. Die Pflanze ist leicht überhängend und blüht einmal im Sommer. Die Triebe sind besetzt mit kleinen, ungleichen Stacheln. Die Blatt- und Blütenstiele sind drüsig, borstig und die derben Blätter meist doppelt gesägt. F A H HS T S 100 × 120 cm.

'Ispahan', *R. × damascena,* syn. 'Pompon des Princes', vor 1832. Die mittelgroße, dicht gefüllte Blüte ist von einem seidigen Rosa, das sich mit Dunkelrosa vermischt. Sie duftet sehr gut, ist becherförmig und blüht sehr lange in Büscheln. Das Laub ist sattgrün, der Wuchs breit überhängend. Bei diesen älteren Sommer-Damaszenerrosen ist der Einfluß der *R. gallica* noch deutlich zu erkennen. Die Blätter sind oben glatt und auf der Unterseite leicht behaart, Kelch und Blütenstiele klebrig drüsig. Damaszenerrosen sind in Kleinasien entstanden und waren schon um 1000 v. Chr. auf der Insel Samos bekannt. Benannt ist die Rose nach der Stadt Isfahan in Persien. A H T S 120 × 100 cm.

'Jacques Cartier', Portland-Rose, Moreau-Robert 1868. Formvollendete flache Blüten in tiefem Rosa erscheinen an dieser robusten Rose zur ersten Blüte Anfang Juni in großen Mengen. Die äußeren großen Petalen sind leicht gewellt, die inneren sind gekraust und nach innen gebogen, um die Staubgefäße zu bedecken. Die Blüten sitzen auf kräftigen Stielen dicht über dem reichen Laubwerk. Wenn die Pflanze im zeitigen Frühjahr nicht geschnitten wird, hängen die Triebe leicht über. Sie deckt ihre Zweige bis zum Boden gut ab, ein hervorragender kleiner Solitärstrauch. Die Nachblüte beginnt etwa im September mit locker verstreuten Einzelblüten. A Sch R 120 × 130 cm.

'Quatre Saisons', *R. × damascena* 'Bifera', syn. 'Monthly Rose', 'Autumn Damask'. Dieser üppige Busch mit den seidigrosafarbenen, gefüllten, teils geviertelten Blüten ist eine Mutation der weißen Sorte 'Quatre Saisons Blanc Mousseux' (syn. 'Perpetual White Moss'), mit der sie bis auf die Farbe völlig identisch ist. Die Blütenknospen und Stiele sind mit bräunlich-grünem „Moos" (einer feinen Behaarung) überzogen. Die stärkeren Triebe sind stark bestachelt, die Blätter rauh durch drüsige Borsten. Diese zweimal blühenden Herbst-Damaszenerrosen sind vermutlich aus einer Kreuzung von *R. gallica* und *R. moschata* entstanden. A W R 150 × 100 cm.

'Rose de Resht', *R. × damascena,* syn. 'Rose de Rescht', vor 1880 in Kultur; Persien. Diese gut duftende, hell purpurrote Rose mit sehr dicht gefüllten, rosetten- bis pomponförmigen Blüten ist ideal für jeden kleinen Garten, da sie nur 1 m hoch wird und bis in den Herbst ständig blüht. Durch die kurzen Blütenstiele sitzen die Blüten direkt über dem Laub. Der Busch wirkt daher sehr gedrungen. Ältere Pflanzen sollte man auslichten bzw. zurückschneiden, damit sie junges Holz bilden und gut nachblühen. Durch die sehr gute Winterhärte ist sie gut geeignet, auf Stämmen veredelt zu werden, da sie nicht abgedeckt werden muß. Wiederentdeckt wurde sie erst 1970. A H T HS R 100 × 60 cm.

'Trigintipetala', *R. × damascena,* syn. 'Rose von Kazanlik', 'Kazanlik', „Bulgarische Ölrose", 1689 zum erstenmal erwähnt. Die halbgefüllten Blüten in seidigem Rosa duften sehr stark und werden daher heute noch in Bulgarien zur Gewinnung von Rosenöl verwendet. Der Wuchs ist kräftig, bis 2 m hoch und stark überhängend. Sie gehört zu den sommerblühenden Damaszenerrosen und stammt wahrscheinlich von der robusten *R. gallica* und von *R. phoenicia* ab. Weitere Sorten in Rosa, die auch im 19. Jh. entstanden sind: 'Petite Lisette','Coralie', 'Marie Louise' und 'Blush Damask', alle stark duftend und gefüllt, jedoch nicht so hoch wachsend. A W HS S 200 × 120 cm.

'Maiden's Blush', *R. × alba,* syn. 'Cuisse de Nymphe', 15. Jh. oder früher. Ihre sehr schöne, große, gefüllte Blüte macht sie zu einer der beliebtesten der zartrosa blühenden Alba-Rosen. Der überhängende Busch wird ca. 2 m hoch und 1,50 m breit. Die Blüten haben einen leichten Wildrosenduft. Diese dichten, robusten Büsche eignen sich auch für sehr kalte, rauhe Lagen. Auch für Heckenbepflanzungen sind alle Alba-Rosen gut geeignet. Gemischt mit 'Céleste', Chloris', 'Amelia' und 'Félicité Parmentier' können sie eine wunderschöne, undurchdringliche Hecke in verschiedenen Rosatönen bilden, blüht zwischen Anfang Juni und Ende Juli. A H W HS S 200 × 150 cm.

'Maxima', *R. × alba*, syn. 'Jakobitenrose', ca. 15. Jh. Die rahmweißen, rundlichen Blüten, die stark gefüllt sind, stehen, meist in kleinen Büscheln, an den Triebspitzen. Vermutlich war diese alte Rose schon den Römern bekannt, ihr Erscheinen bei uns ist jedoch erst seit dem 16. Jh. belegt. In vielen Gärten war sie als Bauernrose anzutreffen. Der Strauch wird etwa 2 m hoch und 1,50 m breit. Andere weiße Formen, wie 'Suaveolens', haben schöne rote Hagebutten. Im Hintergrund des Gartens gepflanzt oder an eine hohe Mauer gelehnt kann sich der kräftig wachsende Strauch gut entfalten und zur Blütezeit einen leuchtenden Glanzpunkt bilden. A H W S 200 × 150 cm.

'Fantin Latour', *R. × centifolia*, Frankreich 19. Jh., Herkunft unbekannt. Mit zartrosafarbenen Petalen, die nach außen gerollt sind, und einer Mitte, die in der Farbe kräftiger, außerdem gedreht und gekräuselt ist, eroberte sie sich den ersten Platz unter den Zentifolien. Die Blüten im Büschel öffnen sich nacheinander, so daß der Busch sehr lange blüht. Fast stachellos und mit großen, dunkelgrünen, glatten Blättern ist sie eine Ausnahme unter den Zentifolien. Der Duft ist etwas herber. 2 m hoch und weit überhängend bildet sie einen imposanten Strauch, der auch gut einen lichten Schatten verträgt. Die meisten Zentifolien sind in rosa Tönen. A S HS 200 × 150 cm.

'Reine des Centfeuilles', *R. × centifolia*, Belgien 1824. Die „Königin der Zentifolien" macht ihrem Namen alle Ehre. Dicht gefüllte, große Blüten an aufrechten bis überhängenden Trieben erscheinen im Rosenmonat Juni. Auch der typische Zentifolien-Duft ist diesen reinrosafarbenen Blüten eigen. Die Zentifolie, die „Hundertblättrige", ist eine komplexe Kreuzung aus *R. gallica*, *R. moschata*, *R. canina* und *R. × damascena*. Wahrscheinlich aus Kleinasien kommend wurde sie im 17. und 18. Jh. in Holland weiter gezüchtet. Über 200 Sorten waren damals bekannt, von denen heute nur noch 20 Sorten im Handel sind. Sie sind ausgesprochen winterhart. A S 150 × 100 cm.

'Cristata', Moosrose, syn. 'Chapeau de Napoléon', 'Crested Moss', gefunden in Fribourg/Schweiz, 1820. – Die moosartigen Auswüchse an den Kelchblättern, die bei Knospen an den Hut Napoleons erinnern, gaben ihr diesen Beinamen. Silbrigrosafarben sind die ball- oder kohlförmigen, stark duftenden Blüten. Die Zentifolien, auch Kohlrosen genannt, hängen gerne mit ihren schweren Blütenköpfen. Daher sollten sie vor der Blüte etwas aufgebunden werden. Weitere sehr stark gefüllte Zentifolien: 'Spong', 'Rose des Peintres', 'Bullata' und 'Juno'. Alle sollten nach der Blüte etwas zurückgeschnitten werden. Im Winter wird altes Holz ausgelichtet. A S 150 × 120 cm.

'Muscosa', *R. × centifolia,* Moosrose, Holland, Ende 17. Jh. Eine spontane Mutation der Zentifolie, bei der Blumenstiele, Fruchtknoten und Kelchblätter dicht mit moosartigen Drüsen besetzt sind. Diese grünen, bei einigen Sorten auch bräunlichen Drüsen verleihen den Moosrosen ihren besonderen Reiz. 'Muscosa' hat eine intensive rosa Farbe, ist stark gefüllt und hat den typischen Zentifolien-Duft. Sie spornte die Züchter des 18. Jh. an und brachte Hunderte von Sorten hervor. Die meisten Moosrosen sind leicht mehltauanfällig, besonders an ihren jungen, einjährigen Trieben. Sie sollten im Spätsommer bei Befall zurückgeschnitten werden. A S 200 × 150 cm.

'William Lobb', Moosrose, syn. 'Duchesse d'Istrie', 'Old Velvet Moss', Laffay 1855. Eine wüchsige Rose, die große, wohlriechende Blüten an langen Trieben trägt. Sie sind purpurrot, gut gefüllt und verfärben sich im Verblühen grauviolett. Die Blütenblätter sind in der Mitte oft zurückgeschlagen und zeigen ihre silbrige Rückseite. Wegen ihres starken Wuchses sollte sie an einer Pergola oder einem Zaun angebunden werden. Die sehr stacheligen Triebe hängen sonst sehr weit über. Da die meisten Moosrosen „nur" sommerblühend sind, wurden sie leider aus den Baumschulkatalogen verbannt. Heute werden diese Juwele für unsere Gärten wiederentdeckt. A S 300 × 150 cm.

'Cécile Brunner', *R. chinensis,* syn. 'Mlle Cécile Brunner', 'Mignon', 'Maltese Rose', 'The Sweetheart Rose', Ducher 1880. Die kleinen zartrosa Blüten, die einer Edelrose gleichen, sind zum Rand hin heller, in der Mitte gelblich. Sie sind gut gefüllt und geviertelt, aber nur schwach duftend. Das Laub ist dunkelgrün. Sie blüht bis zum Herbst und eignet sich gut für Kübel und Töpfe. Die edlen, kleinen Blüten mit den langen Blütenstielen eignen sich besonders als Rose im Knopflochväschen. Sie wächst locker und blüht bis in den späten Herbst. Ein Sport ist die kletternde Form 'Climbing Cécile Brunner'. Sie wird bis 4 m hoch und trotzt allen Rosenkrankheiten. T D SCH 90 × 90 cm.

'Little White Pet', *R. chinensis,* syn. 'White Pet', 'Belle de Teheran', Henderson 1879. Dicht gefüllte, weiße, rosettenförmige Blüten in großen Dolden trägt dieser kleine Strauch. Als Sport der kletternden 'Félicité et Perpétue' hat sie auch deren moschusartigen Duft übernommen. Mit ihrem gesunden, üppigen, dunkelgrünen, glänzenden Laub sollte sie in keinem Garten fehlen. Ob auf Zwergstamm, Hochstamm oder als Busch, sie läßt sich überall gut einfügen. Auch für Kübelbepflanzung kann diese dauerbühende und sehr winterharte Pflanze verwendet werden. Die China-Rosen oder Bengal-Rosen, auch genannt, wurden um 1800 bei uns eingeführt. A BD SCH HS T D 50 × 50 cm.

'Mutabilis', *R. chinensis,* syn. 'Tipo Ideale', *R. turkestanica,* seit 1932 in Kultur. Eine auffallende Rose, die zwar einfache Blüten hat, aber bis in den späten Herbst blüht. Die spitzen Knospen sind außen orange und öffnen sich gelb, am folgenden Tag werden sie kupfrig lachsfarben und gehen später bis in dunkles Karmin über. Es entsteht der Eindruck eines bunten Strauchs. In geschützten Lagen kann die Pflanze bis 2 m hoch werden. Die jungen Triebe sind purpurrot, das Laub grün mit einem Kupferton. Diese alte chinesische Rose ist sicher viel älter als angegeben, wurde jedoch bei uns erst 1932 bekannt. Wo immer ein geeigneter Platz ist, darf sie nicht fehlen. H T HS D SO 120 × 100 cm.

'**Old Blush**', *R. chinensis,* syn. 'Monthly Rose', 'Pallida', 'Parson's Pink China', 1789 in Europa eingeführt. Die hellrosa, fast gefüllten, mittelgroßen Blüten sind nur schwach duftend. Sie blüht von Juni bis zum Wintereinbruch, was ihr im Volksmund den Namen 'Monatsrose' einbrachte. Als eine der ersten öfterblühenden Rosen, die aus China eingeführt wurden, ist sie für viele Kreuzungen verwendet worden. Ihr Erbgut befindet sich in den meisten heutigen Züchtungen. Die China-Rosen sind nicht so winterhart wie die einmalblühenden heimischen Sorten und brauchen daher einen guten Winterschutz durch Anhäufeln der Veredlung. A HS D H 150 × 120 cm.

'**Perle d'Or**', *R. chinensis,* Dubreuil 1884. Die schwach duftende Blume ist klein, gut gebaut und öffnet sich leicht. Die Petalen sind orangegelb, nach außen hin nankinggelb, länglich und bei offener Blüte überhängend. Auf festen Trieben stehen oft 20–30 Blüten in großen Büscheln. Sie hat dunkelgrünes Laub und ist fast stachellos. Trotz ihrer Höhe von 1,20 m ist sie hervorragend für die Bepflanzung von Kübeln und Töpfen geeignet, da sie auch bis in den späten Herbst blüht. Kleine Töpfe sollten jedoch über Winter in einen kalten Raum gestellt oder im Garten eingegraben werden. Eingegrabene Töpfe werden mit Laub abgedeckt. GH T D HS SCH 120 × 80 cm.

'**Comte de Chambord**', Portland-Rose, Moreau-Robert 1860. Mit ihrer sehr großen, dicht gefüllten Blüte, die auch noch stark duftet, war sie eine der wichtigsten Rosen des 19. Jh. Mit feiner Bestachelung und einer Fülle großer graugrüner Blätter ist sie auch heute noch eine der beliebtesten unter den Portland-Rosen. Da der Strauch auch recht aufrecht wächst und nicht zu breit wird, kann man ihn gut in Rabatten verwenden. Die Blüte ist kräftig rosa getönt, zum Rand hin heller, sehr dicht gefüllt, groß, zuletzt flach, und die äußeren Blütenblätter sind zurückgerollt. Da sie sich auch bei schlechtem Wetter gut öffnet, verwenden wir sie gerne zum Schnitt. D A H SCH 120 × 80 cm.

'Duchess of Portland', Portland-Rose, syn. 'Portland', vor 1790 in Kultur. Diese leuchtend hellrote Stammform der Portland-Rosen ist halbgefüllt mit goldgelben Staubgefäßen. Sie duftet und blüht bis in den Herbst, wenn zeitig nach dem ersten Flor das Verblühte ausgeschnitten wird, damit sie keine Hagebutten bilden kann. Ihren gedrungenen Wuchs von ca. 1 m – er macht sie zur Züchtung besonders wertvoll – gab sie an ihre Nachkommen weiter, z. B. an die 1816 bis 1819 entstandenen, stark gefüllten Sorten 'Rose du Roi' (leuchtend karminrot) und 'Rose du Roi à Fleurs Pourpres' (leuchtend rot, jedoch mit Violett und Purpur getönt). A H T R 100 × 100 cm.

'Mme Boll', Portland-Rose, Boll/Boyau 1850, 'Baronne Prévost' × 'Duchess of Portland'. Schon wenige Blüten im Zimmer berauschen durch ihren starken Duft. Der Strauch: aufrecht, robust, winterhart und sehr gut nachblühend – was will man mehr? Die Blüten zeigen sich einzeln auf den mit feinen Stacheln besetzten Stielen. Das kräftige Rosa, zum Rand hin aufhellend, und die geviertelten Blüten machen sie zum Inbegriff der „Alten Rose". Daß die Blüten bei Regenperioden oft etwas verkleben und sich nicht öffnen können, nimmt man gerne in Kauf. Rosenliebhaber betätigen sich hier als „Geburtshelfer" und entfernen die äußeren Blütenblätter. H A T R SCH 120 × 100 cm.

'Boule de Neige', Bourbon-Rose, Lacharme 1867, 'Blanche Lafitte' × 'Sappho'. Aus leicht rötlich schattierten, runden Knospen öffnen sich reinweiße, kugelige Blüten. Dicht gefüllt und stark duftend stehen sie in großen Dolden über dem dunkelgrünen, großblättrigen Laub. 'Boule de Neige' ist dauerblühend und straff aufrecht-wachsend bis 1,50 m hoch. Sie ist eine meiner Lieblingsrosen. Wenn ich durch die Rosenfelder gehe, um einen Strauß zu schneiden, komme ich an 'Boule de Neige' nicht vorbei. Sie belohnt jeden Besuch mit vielen ihrer herrlichen Blüten. Die ersten Bourbon-Rosen entstanden 1817 auf der Insel Île de Bourbon, heute Réunion. H T R SCH HS 150 × 100 cm.

'Louise Odier', Bourbon-Rose, Margottin 1851. Eine Spitzensorte unter den Bourbon-Rosen. Die Blüte ist typisch kugelig und hält die hell rosarote Farbe bis zum Verblühen. Stark gefüllt und in der Mitte gedreht und geviertelt werden die Blüten 5 bis 6 cm groß. Wegen ihres starken Dufts ist sie als Schnittrose beliebt, außerdem steht sie viele Tage in der Vase. Da sie stark wächst, bis 2 m, sollte sie an einem Pfahl angebunden werden, denn die Pflanze kann die schlanken Triebe ohne Hilfe nicht halten. Vor allem in der Hauptblütezeit, Juni–Juli, wenn Hunderte schwerer Dolden an den Trieben stehen, würde ein Regen die Pflanze zu Boden sinken lassen. H HS D T SCH 180 × 150 cm.

'Mme Isaac Pereire', Bourbon-Rose, Garçon 1881; Abstammung unbekannt. Karminrosa mit Purpur sind die riesigen Blüten, die in Büscheln oder einzeln an den langen Trieben sitzen. Mit ihren gut gefüllten und teils geviertelten Blüten ist diese sehr stark duftende Sorte aus keiner Sammlung wegzudenken. Die äußeren Petalen rollen sich nach außen, so daß eine flache und doch runde Blüte entsteht. Wie auch ihr hellrosa Sport, 'Mme Ernest Calvat', wird sie recht hoch, sie ist ohne weiteres als Kletterrose verwendbar. Kräftige Triebe mit starken Stacheln und sehr viel großem, dunkelgrünem Laub machen aus beiden riesige Sträucher. A HS D 200 × 150 cm.

'Reine Victoria', Bourbon-Rose, Schwartz 1872; Abstammung unbekannt. Viele kleine Blütenkugeln in kräftigem, seidigem Rosa, die immer in Büscheln stehen, zieren diese aufrecht wachsende Sorte. Schalenförmig gewölbte Petalen formen die leicht duftende, gefüllte Blüte. Wie auch ihr perlmuttfarbener Sport 'Mme Pierre Oger' (Verdier 1878) sollte sie im leichten Halbschatten und in gute Gartenerde gepflanzt werden. Beide Sorten können in schlechten Böden leicht Sternrußtau bekommen. Auch vertragen beide einen jährlichen starken Rückschnitt und danken es durch Gesundheit. Sie werden etwa 1,50 m hoch und stehen gerne an einem luftigen Platz. T HS D SCH 150 × 100 cm.

'Souvenir de la Malmaison', Bourbon-Rose, syn. 'Queen of Beauty', Béluze 1843; 'Mme Desprez' × unbekannte Teerose. Sie ist wirklich die Königin der Bourbon-Rosen und benannt zum Andenken an den berühmten Rosengarten der Kaiserin Joséphine nahe Paris. Schlechtes Wetter, Regenperioden mag sie gar nicht, denn dann kann sie ohne Hilfe die wunderschönen geviertelten, dicken Blüten nicht öffnen. Die vollendeten Blüten sind zart rahmfarbig mit einem rosa Anflug und starkem Duft. Sie wird nur 70 bis 100 cm hoch und kann wie eine Beetrose gepflanzt werden. Ihr Sport, die kletternde Form 'Climbing Souvenir de la Malmaison' (Bennett 1893) blüht nur schlecht nach. T D SCH 70–100 cm.

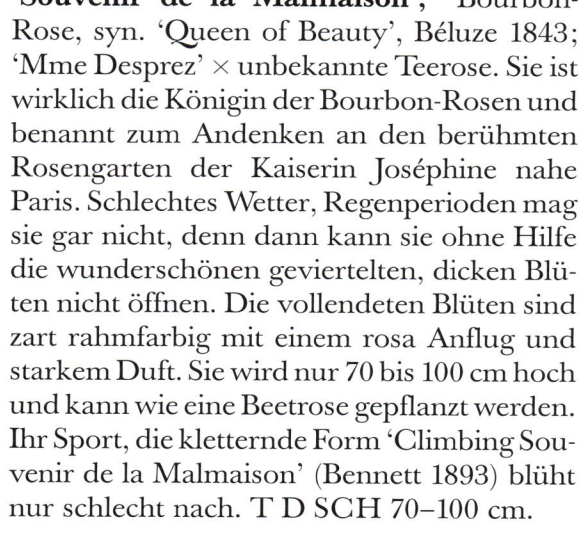

'Maréchal Niel', Noisette-Rose, Pradel 1864, Sämling von 'Cloth of Gold'. Welcher alte Gärtner kennt sie nicht aus seiner Jugendzeit! Eine Gewächshauswand voll von schwefelgelben, dicht gefüllten und herrlich duftenden hängenden Blüten. Die Blüten wurden für die Binderei verwendet. Im Gewächshaus oder Wintergarten blüht 'Maréchal Niel' schon ab Anfang Februar. Aber auch im Freiland kann sie gepflanzt werden, wenn der Standort nicht zu kalt ist (Weinbauklima). Die Pflanze klettert viele Meter und hat ein frischgrünes Laub. Die Stacheln sind hakenförmig. Sehr viel winterhärter ist die Noisetterose 'Bouquet d'Or'. GH F T SCH 500 × 200 cm.

'Mme Alfred Carrière', Noisette-Rose, J. Schwartz 1879. Locker gefüllte Blüten, die sehr wohlriechend sind, erscheinen an langen Trieben, den ganzen Sommer lang. Eine Rose, die auch Halbschatten toleriert und mit ihren weißen, leicht rosa schimmernden Blüten eine Wand verzaubern kann. Das satte hellgrüne Laubwerk ist ziemlich dicht und bleibt lange grün. Die ersten Noisette-Rosen entstanden im 19. Jh. in South Carolina, wo der Reispflanzer John Champney R. moschata mit 'Parson's Pink China' kreuzte. Einer der Sämlinge wurde 'Champney's Pink Cluster' genannt, heute noch eine der schönsten kleinblumigen Noisette-Rosen. GH A HS N B D 350 × 300 cm.

'Alfred Colomb', Remontant-Rose, La-charme 1865; 'Général Jacqeminot' × Sämling. Mit dichtem, überhängendem Wuchs ist sie eine der beliebtesten erdbeerroten bis karminroten Remontant-Rosen. Die Blüten sind groß, kugelig und gut duftend. Das Laub, groß und dunkelgrün, ist recht robust und durch den überhängenden Wuchs und weil sie gut nachblüht, eignet sie sich auch gut für Rosenhochstämme. Die Muttersorte war eine der beliebtesten Schnitt- und Treibrosen in Amerika und ist auf allen Kontinenten zu finden. Nur 10 Jahre später wurde 'Alfred Colomb' durch eine Sorte mit einer etwas edleren, spitzen Knospe abgelöst; es war 'American Beauty'. H R A Sch 100 × 140 cm.

'Anna de Diesbach', Remontant-Rose, syn. 'Gloire de Paris', Lacharme 1859; 'La Reine' × Sämling. Sehr große, kugelige Blüten, die stark gefüllt sind und sich becherförmig öffnen. Diese satt dunkelrosafarbenen bis rosaroten Blüten sind sehr stark duftend und im Zentrum geviertelt. Der Wuchs ist starktriebig, teils überhängend, mit großem, dunkelgrünem Laub. An der Entstehung der Remontant-Rosen sind fast alle wichtigen Rosengruppen – wie Portland-, Noisette- und Bourbon-Rosen – beteiligt. Bis auf wenige Ausnahmen öfterblühend, sind sie das Bindeglied zwischen den Alten Rosen und den Modernen. Der starke Duft macht diese Gruppe unentbehrlich. T R SCH 150 × 100 cm.

'Druschki Rubra', Remontant-Rose, Lambert 1929; 'Frau Karl Druschki' × 'Luise Lilia'. Eine schön geformte, spitze Knospe öffnet sich zu einer leicht gefüllten, kirschroten, gut duftenden Schalenblüte, die ungewöhnlich groß ist. Sie ist eine sehr gute öfterblühende Gartenrose mit großem, dunkelgrünem, robustem Laub und buschigem, nicht zu hohem Wuchs. Dazu ist sie auch noch sehr winterhart und für sehr rauhe Lagen geeignet. 'Druschki Rubra' ist wohl der schönste Sämling, den die Muttersorte hervorgebracht hat. Den Duft hat sie von der Teehybride 'Luise Lilia'. Vor allem in den 30er bis 50er Jahren war sie die beliebteste Schnittrose. A T SCH 120 × 80 cm.

'Ferdinand Pichard', Remontant-Rose, Tanne 1921; Abstammung unbekannt. Die dunkelrosafarbenen bis roten Blüten sind stark weiß durchbrochen und gestreift. In Büscheln öffnen sich die etwas herb duftenden gefüllten Blüten zu großen Schalen. Bei meinen Kunden ist sie eine der beliebtesten remontierenden, gestreiften Rosen, auch durch ihr dunkelgrünes, spitzblättriges, etwas gewelltes Laub, das sehr robust ist. Der Wuchs ist etwas steif und sparrig. Mir gefällt von den gestreiften Rosen besonders 'Vick's Caprice' (Vick 1893), sie wächst viel gefälliger und hat genauso gesundes Laub. Die Farbe ihrer Blütenbüschel ist jedoch nicht so intensiv. A H R T 150 × 120 cm.

'Frau Karl Druschki', Remontant-Rose, Lambert 1901, syn. 'Snow Queen', 'White American Beauty', 'Reine des Neiges'; 'Merveille de Lyon' × 'Mme Caroline Testout'. Schon die vielen Namen, die ihr gegeben wurden, zeigen ihre Beliebtheit an, und daß sie nicht nur bei uns bekannt war. Aus etwas karminrot überlaufenen Knospen öffnen sich schneeweiße Blüten. Geöffnet ist sie groß und sternförmig, nur halbgefüllt. Leider hat sie keinen Duft. Trotzdem wurde sie für viele weitere Züchtungen verwendet. Der Wuchs ist stark und aufrecht mit mattgrünem, glänzendem Laub. Lange Triebe, flach über den Boden gebunden, verstärken den Blütenreichtum. R A SCH 100 × 100 cm.

'Heinrich Schultheis', Remontant-Rose, Bennett 1882; 'Mabel Morrison' × 'E. Y. Teas'. Die sehr große, gut gefüllte Blume ist hellrosa, in der Mitte dunkler getönt. Die Blütenblätter sind seidig und leicht gewellt. Mit ihrem sehr starken Duft ist sie auch eine gute Schnittrose. Diese buschig wachsende Liebhaberrose ist vielleicht die schönste Remontant-Rose. Leider bekommt ihr hellgrünes Laub leicht Mehltau, wogegen man ankämpfen muß. Sie ist nach meinem Großvater benannt, der Bennett-Rosen in Deutschland in großem Umfang vertrieben hat. Eine weitere schöne Sorte ist: 'La Reine' (Laffay 1842, mit einer etwas kugeligen Blüte). R SCH A 100 × 120 cm.

'Mrs John Laing', Remontant-Rose, Bennett 1887; 'François Michelon' × ein Sämling. Mit ihren sehr großen, gut gefüllten Blüten in silbrigem Rosa ist sie eine der schönsten Remontant-Rosen. Der Strauch bringt auch bei schlechtem Wetter eine überaus reiche Blüte mit starkem Duft. Das Laub ist graugrün, im Herbst etwas anfällig für Mehltau. Die Triebe sind nur mit kleinen, fast borstigen Stacheln besetzt. Da sie recht hoch wird, eignet sie sich gut für Hecken, die nur im zeitigen Frühjahr geschnitten werden müssen. Sie bringt auch als Hecke sehr viele Blumen, die auch lange in der Vase halten. Noch gefüllter ist die Sorte 'Comtesse Cécile de Chabrillant'. R A H T HS SCH 120 × 80 cm.

'Ruhm von Steinfurth', Remontant-Rose, syn. 'Red Druschki', Weigand 1920; 'Frau Karl Druschki' × 'Ulrich Brunner Fils'. Riesengroße Blüten öffnen sich aus edel geformten Knospen. Sie sind leicht gefüllt und rosarot. Gut duftend steht sie auf starken Stielen, die mit großen Stacheln besetzt sind. Mit ihrem vielen, großen, robusten Laub und dem kräftigen, aufrechten Wuchs sieht sie mehr einer Edelrose ähnlich. Als Schnittrose und zum Treiben ist sie ausgezeichnet. Bis in die 50er Jahre gehörte sie zum Hauptsortiment der Rosenschulen. Sie ist in rauhen Lagen wegen ihrer Winterhärte einer modernen Edelrose vorzuziehen. A R T SCH 120 × 100 cm.

'Sidonie', Remontant-Rose, Vibert 1847; Abstammung unbekannt. Mit ihrer frischen, reinrosa Blütenfarbe ist sie eine meiner Lieblingsrosen. Die Blüte ist mittelgroß und hat oft Beiknospen an endständigen Trieben. Sie ist dicht gefüllt, die inneren Petalen sind nach innen gedreht, so daß es aussieht wie ein Knopfauge. Die nicht immer runde Blüte hat einen starken, fruchtigen Duft und hält auch sehr lange in der Vase. Das große dunkle Laub bekommt erst im Herbst leicht Mehltau, den die Sorte aber gut überwächst. Mit ihrem breiten, buschigen Wuchs eignet sie sich auch gut für Beete und Rabatten; der Pflanzabstand sollte aber mindestens 1 m betragen. R A H T SCH 100 × 120 cm.

'Baronne Edmond de Rothschild', Tee-hybride, Meilland 1969; ('Baccara' × 'Liebes-glut') × 'Gloria Dei'. Diese Rosensorte ist sehr anspruchslos. Ihre Blumen sind stark gefüllt und von großer Haltbarkeit. Für den Hausgarten ist sie eine dankbare Schnittrose, bei der auf jedem Stiel eine der großen Blüten steht. Die Farbe: ein kräftiges Pink mit heller Oberseite. Die stark wachsende Pflanze hat großes dunkelgrünes, robustes, lederartiges Laub, das sehr gesund ist. Sie ist eine Züchtung des bekannten französischen Züchters Meilland, der sich seit seinen großen Erfolgen in den 40er Jahren ('Gloria Dei'!) nur noch mit der Züchtung neuer Rosen befaßt. D A SCH T 100 × 60 cm.

'Dainty Bess', Teehybride, Archer 1925; 'Ophelia' × 'K. of K.'. Mit ihren einfachen, zart rosafarbenen Blüten ist sie eine ganz ungewöhnliche Edelrose. In der Mitte befindet sich ein auffallender Kranz von orangebraunen Staubgefäßen. Die Petalen sind groß, leicht gewellt und dunkelrosa schattiert. Die Blumen erscheinen in Büscheln, bis in den Herbst. Auch ihr großes, gesundes Laub ist erwähnenswert. 1947 wurde aus 'Dainty Bess' eine weitere Edelrose gezogen, in strahlend weißer Farbe: 'White Wings', sie hat die gleichen Eigenschaften und ebenso auffallend gefärbte Staubgefäße. Die ungefüllten Sorten sind gut in Staudenrabatten zu verwenden. D T SCH 100 × 60 cm.

'**Elina**', Teehybride, syn. 'Peaudouce', Dickson 1984; 'Nana Mouskouri' × 'Lolita'. Die vollen, spitzen Knospen entfalten sich zu edlen, gefüllten Blüten in zartgelber Farbe. Die leicht duftenden Blüten stehen meist einzeln auf kräftigen Stielen. Das Blattwerk ist glänzend dunkelgrün. Die kräftig wachsende Pflanze wird mittelhoch und eignet sich gut zum Schnitt. 1987 erhielt sie das ADR-Zeichen. Eine weitere Sorte, jedoch in Goldgelb, ist die überreich blühende 'Gold Glow' (Perry 1959), die gut duftet und sich auch bei längeren Regenperioden ohne Probleme öffnet, da sie nicht so stark gefüllt ist. Sie wurde 1959 von Perry aus 'Fred Howard' × 'Sutter's Gold' gezogen. D SCH 100 × 60 cm.

'**Gloria Dei**', Teehybride, syn. 'Mme A. Meilland', 'Peace' und 'Gioia', Meilland 1945; [('George Dickson' × 'Souvenir de Claudius Pernet') × ('Joanna Hill' × 'Charles P. Kilham')] × 'Margaret McGredy'. Sie ist die berühmteste und weltweit meistgepflanzte gelbe Teehybride. Die Blüten sind sehr groß, goldgelb mit einem rosafarbenen Rand; das Goldgelb hellt später auf, und der Rand wird kräftiger in der Farbe. Die Blüten ähneln in der Form einer Päonie und halten sich auch aufgeblüht recht lange. Das dunkelgrüne Laubwerk der Pflanze ist sehr widerstandsfähig. Sie wächst breit, fast sparrig und sehr hoch. Sie wird auch heute noch sehr viel gepflanzt. D A SCH 150 × 80 cm.

'**Ingrid Bergmann**', Teehybride, Poulsen 1984; 'Red Star' × Sämling. Die große, kegelförmige, schwarzrote Knospe wird nach dem Öffnen samtig dunkelrot. Mit 35 bis 40 Petalen ist sie sehr gefüllt. Die Blüten stehen meist einzeln auf starken Stielen. Der Duft ist leicht. Diese Sorte blüht besonders reich und lange und wächst breitbuschig und kompakt. Daher eignet sie sich auch gut als Beetrose und für Gruppen. Die großen Blätter sind im Austrieb kupfrigbraun und werden ausgewachsen dunkelgrün glänzend. Wegen ihres sehr buschigen Wuchses sollte sie nicht zu dicht gepflanzt werden; im Beet muß ein Abstand von mindestens 60 cm eingehalten werden. D SCH A 120 × 60 cm.

'Just Joey', Teehybride, Cants of Colchester 1972; 'Duftwolke' × 'Dr. A. J. Verhage'. Mit ihrer edlen Blütenform, kupfrig-orange mit Zartrosa schattiert, gehört sie zu den schönsten Rosen. Bei der geöffneten Blüte werden die leicht gewellten Petalen zu den Rändern hin heller. Das ledrige, dunkelgrüne Laub ist leicht glänzend und sehr robust. Obwohl der Wuchs leicht sparrig und unregelmäßig ist, eignet sie sich gut als Beetrose. Mit mittelstarkem Duft ist sie ein Dauerblüher. Beim Weltrosenkongreß 1994 in Neuseeland wurde sie in die „Hall of Fame" (Ruhmeshalle) aufgenommen. Diese Ehre erlangten seit 1976 erst sieben Sorten, darunter 'Gloria Dei'. D SCH A 80 × 60 cm.

'Königin der Rosen', Teehybride, syn. 'Colour Wonder', Kordes 1964; 'Kordes Perfecta' × 'Super Star'. Eine sehr stark gefüllte, duftende Blume in Lachsorange. Die Blumenunterseite hat einen warmen gelben Farbton. Aus der eiförmigen Knospe entwickelt sich eine lange haltbare Blüte, die für die Vase nicht zu knospig geschnitten werden sollte. Die kräftigen, sehr stark bestachelten Triebe werden gut 1 m hoch. Das große, dunkelgrüne, lederartige Laub bildet einen guten Kontrast zu dem reichen Blütenflor. Gute Gesundheit zeichnet diese Rose aus. Wegen der guten Eigenschaften, besonders den lange haltbaren Blüten, wurde sie zur Weiterzucht verwendet. D A SCH 100 × 60 cm.

'La France', Teehybride, Guillot Fils 1867; Herkunft nicht sicher, wahrscheinlich Sämling von 'Mme Falcot'. Mit ihr bricht die Neuzeit an. Diese weltberühmte Rose gilt als die erste Teehybride. Da sie sehr reichblühend ist, wird sie als Sammlerrose auch heute noch geschätzt. Aus großen, rundlichen, silbrigrosafarbenen Knospen öffnen sich die stark duftenden, gefüllten Blüten mit erhöhter Mitte. Sie stehen meist zu mehreren auf aufrechten Stielen. Da die Blütenstiele nicht sehr stark sind, ist oft ein Nicken nach Teerosenart zu erkennen. Die Blüte mag nicht gerne lange Regenperioden. Das hellgrüne, große Laub ist an guten Standorten recht unempfindlich. D T SCH 120 × 60 cm.

'Landora', Teehybride, Tantau 1970; Sämling von 'King's Ransom'. Leider hat diese ausgezeichnete, sehr robuste Rose keinen Duft. Die Farbe ist ein leuchtendes, reines Goldgelb, das sich auch im Verblühen nicht verändert. Auch die geschnittene Blüte hält sehr lange. Sie hat die ideale Rosenform mit spitzer, langgestreckter Knospe. Die Blüten sind ausreichend gefüllt und stehen auf starken Stielen. Das mittelgrüne, große Laub und die kräftigen Stacheln hat sie von ihrer Muttersorte geerbt. Etwas heller im Farbton ist die Sorte 'Mabella' (Kordes 1972). Auch sie ist eine reichblühende, gut haltbare Schnittrose, verlangt jedoch einen guten Winterschutz. SCH D T 120 × 60 cm.

'Mauve Melodee', Teehybride, Raffell 1962; 'Sterling Silver' × Sämling. Eine der gut duftenden „blauen Rosen". Die Blüten, die oft in Dolden stehen, zeigen einen kräftigen, lila Farbton. Gut gefüllt und groß stehen sie auf kräftigen Stielen über dem dunkelgrünen, lederartigen Laub. Der Austrieb ist leicht bronzefarben. Im Beet gemischt mit weißen Rosen ergeben sie einen guten Kontrast. Auch duftend ist die von Dot 1966 gezüchtete 'Trade Gris', die jedoch im Farbton heller ist. Die graublauen Blüten stehen einzeln auf kräftigen Stielen. Die Knospe ist schlank, die geöffnete Blüte gut gefüllt und regenfest. Sie hat einen aufrechten Wuchs und viel großes Laub. SCH D A T 100 × 60 cm.

'Rouge Meilland', Teehybride, Meilland 1983; Abstammung unbekannt. Die sehr großen, gut gefüllten Blüten sind von reiner, leuchtend blutroter Farbe, am Rand samtig überlaufend. Die Blüte besitzt die üppige Form einer Päonie und ist lange haltbar. Die zahlreichen Blüten werden von kräftigen Stielen getragen. Das volle Laubwerk ist glänzend und gesund; erst zum Spätherbst kann sie leicht Mehltau bekommen. Der Austrieb ist rotbraun. Die Pflanze entwickelt sich schnell, wird sehr buschig und erreicht eine Höhe von über 1 m. Eine bekannte Duftrose des gleichen Züchters ist 'Papa Meilland' (1963). Edel geformt, mit riesigen samtroten Blüten. D A SCH 120 × 60 cm.

'Roy Black', Teehybride, syn. 'Karen Blixen', 'Poulari', Poulsen 1993; Sämling × Sämling. Mit einer reinweißen, großen Blüte und zartem Duft ist sie eine der schönsten neuen weißen Rosen. Die große Knospe öffnet sich zu einer stark gefüllten Blüte mit ca. 60 Petalen. Aufrecht im Wuchs und mit dunkelglänzendem Laub ist die Pflanze sehr robust, sie trägt ihre Blüten auf starken Stielen. Wie die meisten Edelrosen wird sie ca. 1 m hoch. Schon im Jahr der Einführung erhielt sie mehrere Preise. Unvergessen ist die stark duftende, 1947 eingeführte Sorte 'Virgo'. Sie hat zwar viel schwächere Triebe, ist aber wegen ihres guten Duftes immer noch begehrt. D A SCH 100 × 60 cm.

'The Queen Elizabeth Rose', Teehybride, syn. 'Queen Elizabeth', Lammerts 1954; 'Charlotte Armstrong' × 'Floradora'. Mit ihrem starken, aufrechen Wuchs ist sie eine der gesündesten und reichblühendsten Edelrosen. Oft erreicht sie Höhen von über 2 m. Durch ihre Robustheit ist sie auch in rauhen Lagen und im Halbschatten noch gut zu verwenden. Die locker gefüllten Blumen von zarter, reinrosa Farbe erscheinen einzeln oder in Büscheln auf den starken Stielen. Die Blüten sind sehr regenfest. Das Blattwerk ist groß und mittelgrün glänzend. Als hohe Rose ist sie ideal. Im In- und Ausland erhielt sie viele Auszeichnungen. Von ihr gibt es einen weißen Sport. D A SCH H 150 × 60 cm.

'Whisky', Teehybride, syn. 'Whisky Mac', Tantau 1967; Sämling × 'Dr. A. J. Verhage'. Edelgeformte, bronzegelbe Blüten verströmen einen herrlichen Duft. Die Blütenblätter sind leicht gewellt. Der Wuchs ist breit aufrecht. Der bronzerote Austrieb wird zur üppigen dunkelgrünen Belaubung. Da sie schnell durchtreibt, sind fast immer Blüten an der Pflanze. Sie erfordert einen guten Standort und einen Winterschutz. Die modernen Edelrosen stammen hauptsächlich von den deutschen Züchtern Kordes und Tantau und dem französischen Züchter Meilland. Kordes Züchtungen, die in dem über 100 Jahre alten Betrieb gekreuzt wurden, sind weltweit verbreitet. D SCH T 100 × 70 cm.

'**Amber Queen**', Floribunda-Rose, syn. 'Prinz Eugen von Savoyen', Harkness 1984; 'Southampton' × 'Taifun'. Eine spitze Knospe öffnet sich zu einer tief ambergelben Blüte, die im Abblühen leicht aufhellt. Die Blume ist verhältnismäßig groß und mit 40 Petalen gut gefüllt. Der angenehme, gute Duft war auf Ausstellungen einen Preis wert. Mit ihrem breitbuschigen und kompaktem Wuchs schließt sie gut Beete. Dunkelgrünes, gesundes Laub und eine niedrige Wuchshöhe von ca. 50 cm machen sie zu einer beliebten Sorte dieser Farbrichtung. In England wurde sie zur Rose des Jahres 1984 gewählt. Etwas älter ist die 1970 in den Handel gegebene 'Prince Igor', die noch breiter wächst. D A 50 × 50 cm.

'**Bonica '82**', Floribunda-Rose, Meilland 1982; (*R. sempervirens* × 'Mlle Marthe Carron') × 'Picasso'. Die Blüten in leuchtendem, kräftigem Rosa sind mittelgroß, gut gefüllt und erscheinen in Büscheln zu 5 bis 10 Blüten. Die Knospen sind rundlich. Voll erblüht werden die 25 bis 30 Petalen hellrosa. Die Pflanze wächst breitbuschig. Die kräftige Belaubung widersteht dem Sternrußtau sehr gut. Mehltau kommt im Herbst vor. Besonders geeignet ist sie für großflächige Pflanzungen. Da sie außerordentlich frosthart ist, eignet sie sich auch noch für extreme Lagen. Durch den leicht überhängenden Wuchs eignet sie sich auch als Kübelpflanze. A D SCH T 80 × 80 cm ADR '82.

'**Chorus**', Floribunda-Rose, Meilland 1975; 'Tamango' × ('Sarabande' × 'Zambra'). Diese dankbare Beet- und Rabattenrose fällt besonders durch ihre Farbe, ein leuchtendes Zinnoberrot, auf. In Dolden zu 5 bis 7 Blüten zusammenstehend hat sie einen traumhaften ersten Flor. Die dichte, lederartige Belaubung mit großen Blättern ist im Austrieb rötlich-grün, später dunkelgrün und sehr robust gegen Mehltau. Aufpassen sollte man wegen Sternrußtau und, was bei diesen lederartigen Blättern oft vorkommt, die Rote Spinne. Genauso leuchtend in schönen Doldentrauben blüht die robuste 'Allotria'. Sie ist etwas unregelmäßig in der Wuchshöhe. Aber sehr empfehlenswert. ADR ′77. D A T 70 × 50 cm.

'**Duftwolke**', Floribunda-Rose, syn. 'Fragrant Cloud', 'Nuage Parfum', Tantau 1963; Sämling × 'Primaballerina'. Eine der bewährtesten und erfolgreichsten Floribunda-Rosen. Die Knospen sind edel geformt (deshalb wird sie oft auch als Edelrose angeboten) und dunkel korallenrot. Einzeln oder in kleinen Büscheln öffnen sich die großen gefüllten Blüten korallenrot mit intensivem Duft, der namensgebend war. Das große, glänzende Laub ist recht widerstandsfähig. Durch die dichte Belaubung eignet sie sich als Beetrose. Der Wuchs ist breitbuschig bis 80 cm hoch. Sie wächst sehr schnell durch und bringt daher immer Blüten. Sie ist gut winterhart. ADR ′64. A D SCH T 80 × 60 cm.

'**Friesia**', Floribunda-Rose, syn.'Sunsprite', 'Korresia', Kordes 1973; 'Friedrich Wörlein' × 'Spanish Sun'. Eine Spitzensorte unter den gelben Floribunda-Rosen. Die großen Blumen halten ihre leuchtend goldgelbe Farbe bis zum Verblühen. In Dolden zusammensitzend blühen sie sauber ab. Die Knospe ist edelrosenartig und locker gefüllt mit ca. 25 bis 30 Petalen. Sie ist leicht duftend. Der Wuchs ist buschig, aufrecht und ca. 60 cm hoch. Die Belaubung ist glänzend hellgrün. Diese ADR-Rose von 1973 ist gut winterhart. Eine andere lichtgelbe Sorte mit nahezu pomponförmigen stark gefüllten Blüten ist 'Lemon Yellow' (Gandy 1977). ADR ′73. D A SCH T 60 × 50 cm.

'**Gruß an Aachen**', Floribunda-Rose, Geduldig 1909; 'Frau Karl Druschki' × 'Franz Deegen'. Dick gefüllt stehen die zartrosafarbenen Blüten über dem dunklen Laub. Die Blüte, geviertelt und in der Mitte mit gedrehten Petalen, ist leicht duftend. Der Wuchs ist buschig und gleichmäßig, ca. 50 cm hoch. Diese ausgezeichnete Sorte findet viel zu wenig Beachtung. Nur wenige Rosenschulen vermehren sie. 'Gruß an Aachen' hat zwei Sports hervorgebracht, die beide ebenso gut sind. Spek fand 1930 einen Sport in kräftigem Rosa, der 'Rosa Gruß an Aachen' genannt wurde. 1944 kam noch die 'Weiße Gruß an Aachen' hinzu (mit gelblicher Mitte). D A SCH T 60 × 50 cm.

'**Inge Schubert**', Floribunda-Rose, Maulave 1994. Diese strauchartige Beetrose blüht sehr reich, in Büscheln mit halbgefüllten, mittelgroßen Röschen, die rosenrot bis kräftig rosa blühen. Bei der geöffneten Blüte ist die Mitte weiß mit gelben Staubgefäßen. Die breitbuschig wachsende Pflanze ist leicht überhängend, sie eignet sich auch für großflächige, bodendeckende Pflanzungen. Die Rose wurde nach einer bedeutenden Rosenfreundin benannt, die im Berchtesgadener Land Tausende von Rosen hegt und pflegt. Gibt es für einen Rosenliebhaber eigentlich etwas Schöneres, als eine eigene Rose zu haben, die eine lebendige blühende Kostbarkeit ist? D SCH A 60 × 60 cm.

'**Margaret Merril**', Floribunda-Rose, Harkness 1977; ('Rudolph Timm'× 'Dedication') × 'Pascali'. Eine Floribunda-Rose mit einem wundervollen, starken Duft! Ihre großen, rosigweißen Blüten sind gefüllt, edel geformt mit seidigen, gewellten Blütenblättern. Die Mitte der Blüte zeigt oft ein zartes, gelbliches Rosa. Das große, dekorative, dunkel glänzende Laub ist auch leicht gewellt und im Austrieb rötlich-grün. Ihr Wuchs ist aufrecht und doch buschig. Auf Ausstellungen erhielt sie viele Auszeichnungen. Da diese pastellfarbene Sorte nur 50 bis 60 cm hoch wird, eignet sie sich gut für Rabatten und Beetbepflanzungen. Sie bedarf kaum besonderer Pflege. D A SCH T 60 × 40 cm.

'Matthias Meilland', Floribunda-Rose, Meilland 1988; ('Mme Charles Sauvage' × 'Fashion') × ('Poppy Flash' × 'Parador') Mit einer guten Fernwirkung ist diese reichblühende Floribunda-Rose sehr pflegeleicht. Sie hat einen lockeren Doldenaufbau mit Blüten in sattem Rotorange. Die Einzelblüte ist gut gefüllt und lange haltbar. Das Laubwerk ist dicht, dunkelgrün und widerstandsfähig. Für Beete und in Rabatten mit Stauden ist sie bestens geeignet. Etwas dunkler in der Farbe ist die Beetrose 'Nina Weibull'. Sie ist gut wetterbeständig und blühwillig. Mit ihren dichten Dolden eignet sie sich auch zum Schnitt, obwohl sie ziemlich stachelig ist. D A SCH T 70 × 50 cm.

'Montana', Floribunda-Rose, syn. 'Royal Occasion', Tantau 1974; 'Walzertraum' × 'Europeana'. Die blutorangeroten Knospen öffnen sich zu locker gefüllten, lange haltenden Blüten. Leicht wellige Petalen zeichnen diese becherförmigen Blüten aus. Gut verzweigt und straff aufrecht wachsend wird sie fast 1 m hoch. Im Austrieb rotgrün wird das Laub später glänzend dunkelgrün. Sie ist eine der robustesten Sorten und eignet sich für Beete, Hecken und kleine Gruppen. Sie ist dauerblühend und erhielt 1974 das ADR-Zeichen. Da große Rabatten, wie sie vor Jahren noch gepflanzt wurden, selten werden, bringen sie heute Leben in Staudenrabatten. ADR '74. D A HS 100 × 40 cm.

'Sebastian Schultheis', Floribunda-Rose, Schultheis 1979; Sämling von 'The Queen Elizabeth Rose'. Eine robuste, hohe, dankbare Sorte, die alle guten Eigenschaften ihrer Muttersorte besitzt. Das leuchtende Karminrosa ist jedoch viel kräftiger in der Farbe. Die großen, einzeln und in Dolden stehenden, wetterunempfindlichen Blüten erscheinen an kräftigen, langen Stielen den ganzen Sommer. Das Laub ist dunkler und etwas größer. Sie wächst buschig und kann zwischen 1 und 2 m hoch werden. Geeignet ist sie für Hecken genauso wie für Beete oder in Staudenrabatten. Auch als Schnittrose ist sie sehr haltbar. Ich habe sie nach meinem ältesten Sohn benannt. D A SCH 130 × 70 cm.

'Agnes', Rugosa-Hybride, Saunders 1922; *R. rugosa* × 'Persian Yellow'. Die Blüten sind bernsteingelb, am Rand aufhellend, groß, dicht gefüllt und ballförmig, zudem noch stark duftend und erscheinen an dem im Juni sehr reichblühenden Busch. Im Herbst kommt eine leichte Nachblüte. Der dichte Strauch ist sehr stachelig und hat das für *R. rugosa* typische runzlige, dunkelgrüne Laub. Auch in extremen Lagen ist sie sehr winterhart. Sie ist eine der wenigen gelbblühenden Sorten dieser Gruppe. Bemerkenswert ist auch 'Dr. Eckener'. Zartgelbe, duftende, halbgefüllte Blüten, die leicht orange getönt sind, erscheinen den ganzen Sommer über. H A R N HF 200 × 100 cm.

'Blanc Double de Coubert', Rugosa-Hybride, Cochet-Cochet 1892; *R. rugosa* × 'Sombreuil'. Leuchtend reinweiße, gut gefüllte Blüten, die stark duften, erscheinen auch nach der Hauptblüte im Juni. Das dunkelgrüne Laubwerk färbt sich im Herbst auffallend orangegelb. Gelegentlich zieren auch Hagebutten die gut für Hecken geeignete Pflanze. Aus den gleichen Eltern erzielte 1887 Bruant die Sorte 'Mme Georges Bruant'. Sie ist leicht gefüllt mit gelben Staubfäden. Sie remontiert gut und ist stark bewehrt, als Hecke undurchdringlich. Das Laub ist heller im Grün. 'Schneelicht' (Geschwind 1894) ist ungefüllt und hat in Büscheln stehende kleinere Blüten. H A HF T R 150 × 150 cm.

'F. J. Grootendorst', Rugosa-Hybride, Grootendorst 1918; *R. rugosa* 'Rubra' × 'Norbert Levavasseur'. Diese derbe Rose, die wegen ihrer nelkenartig ausgefransten Blütenblätter auch „Nelkenrose" genannt wird, hat Dolden mit kleinen, karminroten, locker gefüllten Blüten. Sie blüht sehr reich und bis in den Herbst und hat derbes Laub an stacheligen, aufrechten Trieben. Einige Sports sind aus dieser Sorte hervorgegangen, die in ihrem Wesen alle der Muttersorte entsprechen. 1923 fand Grootendorst die 'Pink Grootendorst' mit kräftig rosafarbenen Blüten und später eine weiße, die 'Weiße Nelkenrose' genannt wird. H A HS T 120 × 120 cm.

'Rosa Zwerg', Rugosa-Hybride, Baum 1985; Abstammung unbekannt. Eine robuste Rose mit locker gefüllten, großen, seidigen Blüten in zartem Rosa. Sie ist duftend, lange und reich blühend. In dieser Serie kamen gleichzeitig noch weitere Sorten auf den Markt: In Weiß 'Schneekoppe', in Rot 'Rotes Meer' (ADR 94). Alle kommen ohne Pflege aus. Die Pflanzen nehmen ein starken Rückschnitt alle 2 bis 3 Jahre nicht übel. Für Heckenpflanzungen und größere Flächen sind diese Sorten besonders gut geeignet. Wegen ihrer Robustheit und großen Winterhärte eignen sie sich für fast jeden Standort. Im Herbst folgen leuchtend rote, große Hagebutten. HF A T HS 100 × 100 cm.

'Rose à Parfum de l'Hay', Rugosa-Hybride, Gravereaux 1901, syn. 'Parfum de l'Hay'; (*R. × damascena* × 'Général Jacqueminot') × *R. rugosa*. Diese stark duftende Rose wurde nach dem berühmten Rosengarten nahe Paris benannt. Die Blüte ist kirschrot bis violett, stark gefüllt und etwas hängend. Der Strauch blüht den ganzen Sommer über. Viel dunkelgrünes und ledriges Laub an mit spitzen Stacheln stark bewehrten Trieben. Der Strauch ist gesund und wächst breitbuschig, er ist gut für Hecken geeignet. Im selben Jahr fand Cochet 'Roseraie de l'Hay' als Sport einer unbekannten Rugosa-Hybride. Sie ist auch stark duftend, jedoch weniger gefüllt. H A W F HS T D HF 150 × 150 cm.

'Ballerina', Moschus-Rose, Bentall 1937; Abstammung unbekannt. Kleine, zartrosa Blüten mit hellem Auge in riesigen Büscheln zeichnen diese Rose aus. Sie ist wie alle Moschus-Rosen (Moschata-Hybriden) dauerblühend. Gesundes, hellgrünes üppiges Laub macht sie zu den beliebtesten und auch geeignetsten Rosen für unsere Gärten und öffentlichen Anlagen. Es braucht nicht viel an diesen Rosen gepflegt zu werden. Die meisten sind bogig überhängend, so daß sie zu vollen Sträuchern werden. Wenn die verblühten Dolden nicht abgeschnitten werden, hat 'Ballerina' viele erbsengroße Hagebutten. Auch für Kübel und Hecken ist sie bestens geeignet. A H HS T D F SCH 120 × 100 cm.

'Buff Beauty', Moschus-Rose, wahrscheinlich Pemberton 1939; 'William Allen Richardson' × Sämling. Eine sehr dicht gefüllte, gut duftende, aprikosengelbe Blüte, die am Rand später aufhellt. Der Blütengrund ist zartrosa goldschimmernd. Besonders auffällig sind das dunkelgrüne Laub und der rote Austrieb der Jungtriebe. Sie wächst sehr breit und kann als Busch oder Spalier gezogen werden. Von Pemberton gibt es noch weitere Sorten mit gelben, meist helleren Blüten: 'Daybreak', 'Francesca', 'Thisbe' und 'Danaë', um nur einige zu nennen. Alle sind dankbare Blüher bis spät in den Herbst und haben einen intensiven Moschus-Duft. H HS D A SCH 150 × 150 cm.

'Felicia', Moschus-Rose, Pemberton 1928; 'Trier' × 'Ophelia'. Wenn sie auch beim Verblühen stark aufhellt, sind ihre lachsrosa Blüten mit rosa und gelbem Grund sehr eindrucksvoll. In endständigen Büscheln blüht sie den ganzen Sommer und duftet wunderbar. Das leicht gekräuselte, dunkelgrüne Laub ist sehr robust. Sie ist eine leicht zu pflegende Rose. Aus der gleichen Gruppe sind noch zwei andere Sorten hervorzuheben. 'Cornelia' (Pemberton 1925) mit blaßrosa, dicht gefüllten Blüten und gelbem Grund und 'Marie-Jeanne' (Turbat 1913), gut gefüllt und zartrosa, aber nicht so hoch wachsend. Beide duften hervorragend. A H HS T D 150 × 150 cm.

'Nur Mahal', Moschus-Rose, Pemberton 1923; 'Château de Clos Vougeot' × Sämling. Die endständigen Blüten an weit überhängenden Trieben sind leicht gefüllt und in leuchtendem Karmesinrot. Sie ist süß duftend, wirkt etwas flattrig und ist dauerblühend. Die Moschata-Hybriden werden nach ihren Züchtern auch Lambertiana- oder Pemberton-Rosen genannt. Fast alle entstanden sie Anfang des 20. Jh. In den letzten 20 Jahren hat Lens sich noch einmal dieser robusten Gruppe zugewandt und das Sortiment der Moschus-Rosen mit vielen Sorten erweitert. Auf den ungefüllten Sorten tummeln sich Bienen, Schmetterlinge und Schwebfliegen. T H HS A D 150 × 200 cm.

'Penelope', Moschus-Rose, Pemberton 1924; 'Ophelia' × 'Trier'. Lachsrosa mit einem Anflug von Gelborange öffnen sich die Blüten leicht gekräuselt, was dieser Rose einen besonderen Charme verleiht. Die Blüte, mittelgroß und halbgefüllt, ist im Verblühen fast weiß. Das Laub ist dunkelgrün, und die starken Triebe geben der Rose gut Halt. In großen Dolden blüht sie oft noch bis in den Spätherbst. Die Robustheit hat sie wohl von 'Trier' geerbt, einer Lambertiana-Hybride von 1904, die an viele der Moschus-Rosen als ein Elternteil ihre guten Erbanlagen weitergegeben hat. 'Trier' hat kleinere, weiße Blüten, ist halbgefüllt und verträgt gut Halbschatten. H A HS T D 150 × 120 cm.

'Centenaire de Lourdes', Öfterblühende Strauchrose, Delbard-Chabert 1958; 'Frau Karl Druschki' × Sämling. Eine der schönsten modernen öfterblühenden Strauchrosen. Die stark duftenden, großen lockergefüllten Blüten haben ein reine rosa Farbe und hellen leicht auf. Die großen seidigen Blütenblätter sind im Innern der Blüte umgeschlagen und wölben sich über die Staubgefäße, so daß sie wie stark gefüllt aussieht. Das Laubwerk ist groß und sehr widerstandsfähig. Die Pflanze wächst aufrecht mit guter Verzweigung und hängt leicht über. Damit sie schneller und reicher nachblüht, sollte man die abgeblühten Dolden abschneiden. D H A 200 × 150 cm.

'Golden Wings', Öfterblühende Strauch-rose, Sheperd 1956; 'Soeur Thérèse' × (*R. pimpinellifolia* var. *altaica* × 'Ormiston Roy'). Ein eindrucksvoller Strauch mit großen, ungefüllten Blüten mit meist nur 5 Petalen, die aus einer spitzen Knospe entstehen. Die Blüte ist schwefelgelb und hat kontrastreich abgesetzte, orangerote Staubgefäße. Das Laub ist groß und hellgrün. Sie blüht bis in den späten Herbst, dann färben sich auch die kugeligen Hagebutten orange. 'Golden Wings' sollte man im Frühjahr zurück-schneiden, damit sie besser durchblüht. In die gleiche Gruppe gehört auch die 1963 von Pe-tersen in den Handel gebrachte 'Aïcha'. Ein 2 m hoher Strauch. A D H 150 × 100cm.

'Lichtkönigin Lucia', Öfterblühende Strauchrose, Kordes 1966; 'Zitronenfalter' × 'Climbing Claire Grammerstorf'. Stark auf-recht wachsend mit lederartiger, dunkler, widerstandsfähiger Belaubung ist sie eine der besten gelben dauerblühenden Strauchrosen. Die Knospen sind dunkelgelb, die Blüten groß, gefüllt und weithin hellgelb leuchtend. Der Blütenflor hält bis in den Herbst an. Ver-wendung findet sie als Einzelstrauch oder in Hecken. Solche öfterblühenden modernen Strauchrosen sollten im Frühjahr gut zurück-geschnitten werden, da die Pflanze sonst unten aufkahlt und später auseinanderfällt; die Pflanze bleibt wüchsiger und gesünder. A H SCH D 150 × 100 cm.

'Marguerite Hilling', Öfterblühende Strauchrose, syn. 'Pink Nevada', Hilling 1959; Moyesii-Hybride, Sport von 'Nevada'. Der große Strauch, mit einer Fülle von Blü-ten in Karminrosa mit heller Mitte, ist äußerst robust und winterhart. Die Einzelblüte ist leicht gefüllt und hat einen Durchmesser von etwa 10 cm. Nach der üppigen Hauptblüte trägt der Strauch laufend einzelne Blüten. Eine gute Nachblüte folgt meist im Sep-tember. Mit überhängenden Zweigen wird die Pflanze oft breiter als hoch. Hagebutten trägt der Strauch nicht. Die fast reinweiße Stammsorte 'Nevada', (Dot 1927, 'La Giralda' × *R. moyesii* [?]) hat die gleichen Eigenschaften. A H W T D 200 × 300 cm.

'Schneewittchen', Öfterblühende Strauch-rose, syn. 'Iceberg', Kordes 1958; 'Robin Hood' × 'Virgo'. Sie ist wohl eine der bekanntesten weißen Strauchrosen. Mit ihrer nur geringen Wuchshöhe läßt sie sich überall in Rabatten und Beeten einfügen. In kleinen Gruppen oder auch als Einzelstrauch ist sie sehr wirkungsvoll. Langgestreckte Knospen sitzen in großen Dolden und öffen sich edelrosengleich zu leichtgefüllten großen Schalen, mit etwa 30 bis 40 Petalen, die den ganzen Busch bedecken. Das Blattwerk ist hellgün. Der Strauch sollte jährlich einen Rückschnitt erhalten, da vergreiste Äste zu Pilzbefall neigen. Verwendbar ist sie auch als Hecke. ADR '60. H D T 100 × 120 cm.

'Westerland', Öfterblühende Strauchrose, Kordes 1960; 'Friedrich Wörlein' × 'Circus'. Locker gefüllt, mit leicht welligen Petalen ist diese farbenprächtige Rose bernsteinfarben bis leuchtend kupfrig orange. Die großen Blüten erscheinen den ganzen Sommer bis in den späten Herbst. Mit reichlich gutem Duft ist sie eine der beliebtesten Strauchrosen, obwohl sie etwas steif wächst. Wegen der starken, leicht verholzenden Triebe sollte sie jedes Jahr gut zurückgeschnitten werden. Die großen Blätter, beim Austrieb bronzefarben, werden später glänzend und dunkelgrün mit leicht gewellten Blatträndern. Verwendbar ist sie in jedem Gartenbereich, in Gruppen oder als Einzelstrauch. D T 200 × 200 cm.

'Stanwell Perpetual', Pimpinellifolia-Hybride, Lee 1838; *R. × damascena* 'Bifera' × *R. pimpinellifolia*. Diese wahrscheinlich durch eine Zufallskreuzung entstandene Bibernell-rose blüht bis in den späten Herbst. Die Blüten sind zartrosa, dicht gefüllt und flach, in der Mitte geviertelt und gedreht. Sie hat das typische Bibernellblatt und wächst mehr breit als hoch. Die jungen Triebe schießen zwar bis 1,50 m hoch, legen sich aber später bogig nieder. Wegen ihres dichten Wuchses ist sie gut für undurchdringliche Hecken geeignet. Leichte Verfärbungen auf den Blättern, manchmal rötlich, manchmal braun, sind keine Pilzkrankheiten, sondern arttypisch. R A H 150 × 200 cm.

'Abraham Darby', Englische Rose, Austin 1985; 'Yellow Cushion' × 'Aloha'. Dicht gefüllte, etwas wirr stehende Petalen ergeben eine schalenförmige, ansprechende Blüte, die auch noch gut duftet. Aprikosenfarbig mit gelbem Grund und rosa Schimmer schließt sie durch ihr Aussehen eine Lücke in den Reihen der Alten Rosen. Die großen Blüten erscheinen einzeln oder in Büscheln an langen, bogig überhängenden Trieben und nicken gerne. Der Wuchs ist kräftig. Zudem ist die Pflanze wenig krankheitsanfällig und mit ihrem lederartigen, dunklen Laub sehr robust. Freistehend als Strauchrose kann die Pflanze 2 m hoch und ebenso breit werden. D A T HS SCH 200 × 150 cm.

'Eden Rose '85', Öfterblühende Strauchrose, Meilland 1985, syn. 'Pierre de Ronsand'; ('Danse des Sylphes' × 'Haendel') × 'Climbing Pink Wonder'. Sehr große, dicht gefüllte Blüten, mit 60 bis 70 Petalen bringt der große Strauch in verschwenderischer Fülle. Weißlich bis zartrosa, zur Mitte hin kräftiger rosa, ähnelt diese Liebhabersorte einer Alten Rose. Sie hat nur einen leichten Duft, wegen ihrer Robustheit ist sie aber eine empfehlenswerte Sorte. Mit kräftigen, aufrechten Trieben, die später überhängen und gestützt werden sollten, braucht sie als Solitärstrauch viel Platz. Die Triebe können wie bei einer Kletterrose an Spalieren hochgebunden werden. D A T SCH 150 × 150 cm.

'Glamis Castle', Englische Rose, Austin 1992; 'Graham Thomas' × 'Mary Rose'. „Wir halten sie für die beste weiße Rose, die wir bis jetzt gezüchtet haben", schreibt David Austin in seinem Buch. Die schalenförmigen Blüten haben die typische Form und den Charme der Alten Rosen. Beim Öffnen der Blüten zeigt sich in der Mitte oft ein Bernsteingelb. Die Blüten haben einen starken Myrrheduft. Für Rabatten und Beete ist sie bestens geeignet, da sie ausdauernd blüht und niedrig und buschig wächst mit zahlreichen Verzweigungen. Die Rose wurde nach einem der bedeutendsten Schlösser Großbritanniens benannt. D T 70 × 50 cm.

'**Graham Thomas**', Englische Rose, Austin 1983; 'Charles Austin' × ('Schneewittchen' × eine Englische Rose). Sie ist eine der robustesten der Englischen Rosen. Die Blütenfarbe ist ein sattes Dunkel- bis Bernsteingelb. Mit leichtgewellten Petalen ist sie stark gefüllt, so daß die Blüten oft nicken. Die Blüten erscheinen bis in den späten Herbst. Mit dem starken Teerosenduft kommt sie einer Alten Rose sehr nahe. Sie verzweigt sich gut und hat einen aufrechten Wuchs und sollte deshalb als Solitärstrauch oder in kleinen Gruppen gepflanzt werden. Das Laub ist glänzend und hellgrün, es ist sehr robust und trotzt den meisten Rosenkrankheiten. D T A SCH 150 × 100 cm.

'**Prospero**', Englische Rose, Austin 1982; 'The Knight' × 'Château de Clos Vougeot'. Sie ist eine Liebhabersorte, die Pflege und Aufmerksamkeit verlangt. Das dunkle Karmesinrot verfärbt sich mit schönen Schattierungen von Purpur und Mauve. Mit sehr vielen kleinen Blütenblättern öffnet sich die Blume vollendet flach oder mit einer kleinen Wölbung. Sie wächst nicht besonders stark und braucht einen gut vorbereiteten Boden. Ganz anders im Wuchsverhalten ist 'Othello', ebenfalls eine Englische Rose ('Lilian Austin' × 'The Squire'). Die Blüten haben die gleiche Farbe, sind jedoch viel größer. Für diese Blütengröße blüht sie erstaunlich ausdauernd. D T So 80 × 80 cm.

'**Wife of Bath**', Englische Rose, Austin 1969; 'Mme Caroline Testout' × ('Ma Perkins' × 'Constance Spry'). Viele kleine, nach Myrrhe duftende Blüten von zartrosa Farbe, die stark aufhellen, zieren den Strauch den ganzen Sommer über. Anfangs kugelförmig öffnen sich die Blüten zu locker gefüllten kleinen Schalen. Da dieser robuste Strauch nur 1,20 m hoch wird, sollte man kleine Gruppen pflanzen, um eine bessere Wirkung zu erzielen. Die andauernden Blüten hat 'Wife of Bath' wohl von 'Mme Caroline Testout' geerbt, einer verläßlich reichblühenden, frühen Teehybride. 'Wife of Bath' war die erste der Englischen Rosen, die ich bekommen habe. D T SCH 120 × 80 cm.

'Fenja', Strauchrose, Petersen 1966; *R. davidii* × *R. pimpinellifolia*. Die Blüten sind rosa, leicht lila schattiert, ungefüllt und sitzen in Dolden, öffnen sich jedoch nacheinander. Das große, gefiederte Blatt sitzt an sehr stacheligen, langen Trieben, die im ersten Jahr straff aufrecht wachsen und im zweiten Jahr bogig überhängen. Sie ist völlig gesund und sehr winterhart und kann deshalb in jeder Lage Verwendung finden. Besonders auffallend ist der überreiche Fruchtbehang mit großen, flaschenförmigen, mit Borsten besetzten Hagebutten. Ähnliche flaschenförmige Früchte tragen die Moyesii-Hybriden. Die schönsten davon sind 'Eos' und 'Geranium'. A S F 250 × 250 cm.

'Fritz Nobis', Rubiginosa-Hybride, Kordes 1940; 'Joanna Hill' × 'Magnifica'. Die sehr große Blüte ist lachsrosa, innen heller, fast weiß. Die Blüten sind gut gefüllt und haben einen hervorragenden Duft, der Strauch wird etwa 2 m hoch und ebenso breit. Das große, dunkelgrüne Laub deckt den überhängenden Busch gut ab. Wegen ihrer guten Winterhärte ist 'Fritz Nobis' für alle Lagen geeignet. Andere Kreuzungen aus der Weinrose – oder Schottischen Zaunrose, wie sie auch genannt wird – sind 'Mannings Blush' (in Kultur bereits vor 1799), 'La Belle Distinguée' (in Kultur vor 1837) und 'Magnifica' (purpurrosa, 1916 von Hesse in den Handel gebracht). H Hs A S 200 × 200 cm.

'Frühlingsgold', Strauchrose, Kordes 1937; *R. pimpinellifolia* 'Hispida' × 'Joanna Hill'. Eine ganze Gruppe dieser schon im Mai blühenden „Frühlings"-Rosen entstand in den 40er und 50er Jahren. Alle wurden von Kordes gezüchtet und werden auch heute noch vielseitig verwendet, denn sie entwickeln sich alle zu prachtvollen, großen Sträuchern, die sehr winterhart und gesund sind. 'Frühlingsgold' hat große, einfache Blüten von goldgelber Farbe, stark duftend und mit einem Durchmesser von ca. 12 cm. Die besten weiteren Sorten sind 'Frühlingsmorgen' (rosa mit hellgelber Mitte), 'Frühlingszauber' (halbgefüllt, rosarot) und 'Frühlingsduft' (aprikosenrosa). A H F 200 × 200 cm.

'Raubritter', Strauchrose, Kordes 1936; 'Daisy Hill' × 'Solarium'. Die kugelförmigen, in kleinen Büscheln erscheinenden Blüten sind von einem klaren, seidigen Rosa. Sie ist eine der beliebtesten sehr breit wachsenden Strauchrosen, trotz einiger kleiner Nachteile. Wenn sie in voller Blüte steht – die sehr lange anhält, verliebt sich jeder spontan in diese Rose. Der leichte Mehltaubefall an den jungen Trieben sollte im Herbst abgeschnitten werden. Da die verblühten Blumen nicht abfallen, mumifizieren sie am Strauch. Sie sind in trockenen Zustand mit einem Besen leicht abzustreifen. Die Pflanze kann aufgebunden und sogar als Kletterrose verwendet werden. A S T 150 × 300 cm.

R. sericea f. pteracantha. Wildrose, syn. *R. omeiensis* f. *pteracantha*. Diese Wildrose wird wegen der durchscheinenden, hochroten Stacheln, die an den jungen Trieben sitzen, auch „Stacheldrahtrose" genannt. Die Stacheln werden später braun und verhärten. Auffallend ist auch die große Anzahl der Fiederblättchen pro Blatt. Die Blüten sind klein und ungefüllt, weiß und sitzen auf den bogig überhängenden Zweigen. Der Strauch sollte von alten, verholzten Trieben befreit werden, damit er immer reichlich junge Triebe aus der Basis hervorbringen kann. Denn nur diese haben die auffallenden roten Stacheln. Kleine, leuchtendrote Hagebutten zieren den Strauch im Herbst. A F S 200 × 150 cm.

'Morletii', Strauchrose, Morlet 1883, syn. 'Inermis Morletii', *R. pendulina* 'Plena'*; R. pendulina* × unbekannt. Die gut gefüllten Blüten sind mittelgroß und magentarot. Sie blüht einmal, überreich und recht früh. Die Triebe sind fast ohne Stacheln. Sie gehört zu den Rosen mit der schönsten Herbstfärbung: ein weithin leuchtendes Orangerot. Eine weitere Kreuzung mit der *R. pendulina,* der Alpenrose, und mit ebenso langen Trieben ist 'Mme Sancy de Parebère' (Bonnet 1874). Auch sie ist leicht gefüllt, blüht sehr früh, oft schon in den letzten Apriltagen, reinrosa mit leichtem Duft. Wegen ihrer langen Triebe wird sie häufig als völlig winterharte Kletterrose verwandt. A S HF 300 × 200 cm.

R. canina. Wildrose, syn. Hecken- oder Hundsrose. Sie ist die verbreitetste Wildrose an unseren Waldrändern. Dichte Sträucher in Feldholzinseln geben vielen Feld- und Waldbewohnern ausreichend Schutz. Auf den bogenförmig überhängenden Trieben wie auf einer Perlenschnur aufgereiht erscheinen die weißen, zartrosa- bis kräftigrosafarbenen Blüten. Sie kommen über dem reichlichen Laub gut zur Geltung. Die dunkelgrünen Blätter bestehen aus 5 bis 7 Blättchen. Im Herbst leuchten die scharlachroten, 2 bis 3 cm großen elliptischen Früchte. *R. canina* ist für die Rosenschulen die wichtigste Rosenunterlage zur Veredlung von Rosen. A S HS F 200 × 200 cm.

R. hugonis. Wildrose, syn. Chinesische Goldrose, Hemsl. 1899. Anfang Juni ist der Strauch mit einfachen, hellgelben Blüten übersät. Die Triebe sind dunkelbraun und wachsen aufrecht und weit bogig überhängend. Auf ihnen sind Stacheln und Borsten gemischt. Das Laub ist zierlich, die Blätter bestehen aus bis zu 13 kleinen, elliptischen Fiederblättchen. Die Hagebutten sind dunkelrot bis schwarz. Gelegentlich sterben Astpartien völlig ab; sie sollten sofort entfernt werden. Eine Sorte der *R. hugonis* mit den gleichen Eigenschaften, aber mit gefüllten Blüten, ist 'Flore plena'. Beide Formen blühen sehr früh in ihrer weithin leuchtenden Farbe. A FJ 200 × 200 cm.

Wildrosen und einmalblühende Strauchrosen 51

R. majalis. Wildrose, syn. *R. cinnamomea*, Zimtrose, Mairose. Viele kleine Verästelungen besitzt dieser aufrechte und doch überhängende Strauch mit seinen purpurfarbenen Trieben. Die Blüten sind klein, hell- bis kräftigrosa. Meist blüht sie schon in den letzten Maitagen. Durch Ausläufer bildet sie neue Büsche. Es gibt auch eine gefüllte Form, *R. majalis* 'Foecundissima'. Sie blüht etwas später und hat dicht gefüllte, kleine Röschen an dünnen Zweigen. *R. majalis* ist bestens geeignet an Waldrändern oder in dichten Pflanzungen zum Verwildern. Sie bildet einen sehr dichten, aber nicht zu stacheligen Busch. Sie liebt feuchte Standorte. A H HS W FJ 150 × 130 cm.

R. multiflora. Wildrose. Eine sehr reichblühende Wildrose, die in Ostasien beheimatet ist. In großen Büscheln erscheinen die kleinen weißen Blütchen am vorjährigen Holz. Die Triebe sind leicht bestachelt, glatt und sehr lang, fast kletternd. Sie hängen bogig über und bilden einen riesigen Strauch. Die Frucht ist klein, kugelig bis oval. „Blut" von *R. multiflora* ist in vielen unserer heutigen Gartenrosen. Durch ihre Vielblütigkeit in Büscheln war sie besonders gefragt. Eine sehr hoch wachsende Sonderform ist *R. multiflora* 'Carnea' mit kleinen gefüllten, zartrosa Blütchen in großen Büscheln, ähnlich auch die 'Seven Sisters Rose' (*R. multiflora* 'Grevillei'). FJ A B N HS 350 × 400 cm.

R. rubiginosa. Wildrose, syn. *R. eglanteria*, Apfelrose, Weinrose, Schottische Zaunrose, Sweet Briar. Der Strauch wächst sehr dicht und ist überaus gut bewehrt. Er blüht im Juni mit einfachen Blüten in frischem Rosa. Wegen ihres guten, nach reifen Äpfeln duftenden Laubes wurde diese heimische Wildrose Ende des 19. Jhs. häufig für Kreuzungen verwendet. Der Duft des Laubes, besonders stark wahrnehmbar bei feuchter Witterung, wurde auch auf die Kreuzungen übertragen. Sorten wie 'Amy Robsart', 'Hebe's Lip', 'La Belle Distinguée' oder 'Magnifica' (hier im Bild) sind auch heute noch sehr beliebt. Mit ihrem buschigen Wuchs eignen sie sich gut für Hecken. A FJ N 200 × 200 cm.

'Alchymist', Kletterrose, Rubiginosa-Hybride, Kordes 1956, syn. 'Alchemist'; 'Golden Glow' × eine Rubiginosa-Hybride. Die dichtgefüllten, orangegelben bis rötlich getönten Blüten, oft geviertelt, erscheinen früh im Sommer. Sie duften und werden durch das glänzende Laubwerk noch unterstrichen. Die langen, starken, stacheligen Triebe wachsen buschig aufrecht, sie kann daher ebensogut als Strauchrose gepflanzt werden. Sie hat einen überaus reichlichen Flor. Eine ebenso charmante Blüte, jedoch zarter und fast rosafaben, hat 'Climbing Paul Lédé', ebenfalls sehr reichblühend und gut duftend. Als Kletterrose gezogen wird sie etwa 4 m hoch. A B S 300 × 200 cm.

'Aloha', Kletterrose, Boerner/Jackson & Perkins 1949; 'Mercedes Gallart' × 'New Dawn'. Die karminroten Knospen entfalten sich zu großen, stark gefüllten Blüten in kräftigem Rosa, dunkelrosa schattiert und innen lachsfarben schimmernd. Eine moderne Rose im Stil der alten Blütenformen. Die gut duftenden Blüten erscheinen bis in den späten Herbst. Das Laub ist groß und dunkel und leicht bronzegetönt. Mit ihrem buschigen Wuchs und mit starken, aufrechten Trieben kann sie auch als freiwachsende Strauchrose gepflanzt werden. Ganz ohne Unterstützung kommt sie jedoch nicht aus, da die großen, schweren Blüten die Triebe zu Boden ziehen. D A T 300 x 180 cm.

'Gloire de Dijon', Kletternde Teerose, Jacotot 1853; 'Desprez à Fleurs Jaunes' × 'Souvenir de la Malmaison'. Eine berühmte Kletterrose, die den ganzen Sommer hindurch blüht. Die Kreuzung der Teerose mit einer Bourbon-Rose ist ihr gut bekommen, denn sie ist gut winterhart und verströmt einen angenehmen Duft. Die Blütenfarbe variiert stark, je nach Standort, von zartem Gelb mit Schattierungen in Rosa und Orange bis zu Goldorange. Die Pflanze entwickelt jedes Jahr kräftige Triebe, die dann auch gut mit endblühenden Seitentrieben besetzt sind. An diesen Trieben lassen sich kurze Blütenstiele schneiden, die für Vase oder für Gestecke geeignet sind. D HS 300 × 200 cm.

'Goldstern', Kletterrose, Tantau 1966; 'Goldjuwel' × 'Zitronenfalter'. Rundlich spitze Knospen öffnen sich zu großen, gut gefüllten, haltbaren Blumen. Sie hat eine tief goldgelbe Farbe, die nicht verblaßt. Üppige, sattgrüne Belaubung und der aufrechte, gut verzweigte Wuchs machen sie zu einer wertvollen gelben, dauerblühenden Kletterrose. Ebenso dankbar ist die von Baum gezogene 'Goldfassade'. Sie ist etwas länger in den Ranken, dazu duftet sie auch noch hervorragend. Ihre Knospen zeigen einen orangeroten Anflug, der hinter der großen gefüllten, geöffneten Blüte verschwindet. Das Laub ist glänzend dunkelgrün. Sie wird leicht 4 bis 6 m hoch. D A 250 × 150 cm.

'New Dawn', Kletterrose, Somerset Rose Nursery 1930; Sport von 'Dr. W. van Fleet'. Die Natur hat sich selbst geholfen und die guten Eigenschaften der Muttersorte noch übertroffen. Sie ist wohl die beliebteste Kletterrose in unseren heutigen Gärten. Große, weißlich-rosa Blüten in Büscheln bringt diese Sorte auch noch nach der Hauptblüte im Juni. Dichte Belaubung mit großen, gesunden Blättern an langen, gut bewehrten Trieben macht sie unentbehrlich für alle, sie eignet sich sogar für halbschattige Gartenplätze. Die Einzelblüten sind mit 20 bis 25 Petalen locker bis halb gefüllt, duften gut und blühen sauber ab. Sie bildet viele Hagebutten. A HS D 400 × 150 cm.

'Super Dorothy', Kletterrose, Hetzel 1986. Ein Spätblüher, locker gefüllt und leuchtend rosa. Die kleinen Blüten sitzen in großen Trauben an den langen Ranken, genau wie bei der roten 'Super Excelsa'. Beide blühen nach. Da sie weitgehend frei von Mehltau sind, haben sie die einmalblühenden, sehr stark rankenden Elternsorten 'Dorothy Perkins' und 'Excelsa', deren Blüten jedoch kugelig und schöner sind, verdrängt. An sehr windigen und luftigen Stellen, an denen Mehltau kein so großes Problem ist, würde ich diese jedoch wegen ihrer ausdrucksvolleren Blüte vorziehen. Alle Sorten eignen sich hervorragend für Kaskadenrosen. HS A R 300 × 200 cm.

'Sympathie', Kletterrose, Kordes 1964; 'Wilhelm Hansmann' × 'Don Juan'. Samtig dunkelrote Knospen öffnen sich zu großen, dicht gefüllten, den Edelrosen gleichen Blüten mit einem ausgeprägten Wildrosenduft. Sie stehen in Büscheln und sind sehr regenfest. Die Pflanze wächst sehr kräftig mit dicken, starken Trieben aus der Basis. Bei zu wenig Pflege führt dies oft zum Verkahlen der unteren Pflanzenteile. Die Blüten erscheinen dann oben in großem, lederartigem, dunklem Laub, an den unteren Bereichen hat die Pflanze wenig zu bieten. Deshalb empfiehlt es sich, dort schöne, großblumige *Clematis* einzubringen. Eine der beliebtesten roten Kletterrosen. D A 300 × 200 cm.

'Albéric Barbier', Rambler, Barbier 1900; *R. wichuraiana* × 'Shirley Hibberd'. Im Knospenstadium ist sie leicht gelblich, aufgeblüht eine Schönheit in Weiß mit gelber Mitte. Sehr dicht gefüllt hat sie große, duftende Blüten. Die fast endlosen Triebe sind geschmeidig und passen sich jeder Form eines Bogens oder einer Pergola gut an. Sie blüht im Sommer in dunkel glänzendem, großem, sehr robustem Laubwerk. Auch im Halbschatten kommt die Sorte noch gut zurecht. Von ähnlichem Wuchs und sehr gesund ist 'Gardenia' (Manda 1899, ebenfalls eine Wichuraiana-Hybride). Sie hat viele Blütenblätter, die in Wirbeln angeordnet sind und die gleiche Farbe. S A HS 500 × 200 cm.

'Albertine', Rambler, Barbier 1921; *R. wichuraiana* × 'Mrs Arthur Robert Waddell'. Eine einmal, aber überaus reich blühende Rose, deren korallenrote Knospen sich zu großen, dicht gefüllten und sehr gut duftenden Blüten in kräftigem Rosa entfalten, die im Abblühen zu Zartrosa verblassen. Die langen jungen Triebe sind kupferfarben getönt. Das Laubwerk ist glänzend dunkelgrün. Die Sorte ist heute wegen ihrer guten Eigenschaften wieder verstärkt in Baumschulen anzutreffen. Diese empfehlenswerten *R. wichuraiana*-Sorten, viele davon von Barbier um die Jahrhundertwende gezüchtet, sind robuste, verläßliche Kletterer wie z.B. 'Albéric Barbier'. R A HS 400 × 200 cm.

'Bobbie James', Rambler, Sunnindale Nursery 1961; Wichuraiana-Hybride. Um in große Bäume zu klettern, ist dieser Rambler ideal ausgestattet. Durch lange, kräftige Triebe, die mit starken Stacheln bewehrt sind, ist es ihm leicht möglich, sich im Geäst der Bäume festzuhalten. 10 m hoch und mehr kann er so klettern. Zur Blütezeit im Juli zeigen sich die großen, überhängenden Dolden mit unzähligen schalenförmigen, leicht gefüllten weißen Blüten, die zudem noch gut duften. 'Bobbie James' hat sich in den letzten Jahren als recht winterhart erwiesen. Frostschäden traten fast keine auf. Das große, dunkelgrüne, glänzende Laub ist sehr robust gegen alle Pilzkrankheiten. S HS 10 m.

'Félicité et Perpétue', Rambler, Jacques 1828; Sempervirens-Hybride. Erst im Juli erscheinen die milchweißen, pomponförmigen, rosettenartig gefüllten, kleinen Blütenbälle, in Dolden hängend an den langen, geschmeidigen Trieben. Sie ist zwar nur einmalblühend, jedoch einer der verläßlichsten Rambler, zur Blütezeit sowie auch im Winter. Das kleine Laub ist gesund und hält oft bis zum Frühjahr. Die langen Ranken können in Zäune geflochten werden, Bögen beranken oder Bäume erklimmen, denn sie verträgt gut einen Halbschatten. Zurückgeschnitten werden diese Rambler nur, um sie im Zaum zu halten. Jeder Schnitt regt nur ein noch üppigeres Wachstum an. A S HS 500 × 200 cm.

'Ghislaine de Féligonde', Rambler, Turbat 1916; 'Goldfinch' × Sämling. Eine kleine Kletterrose, die allen Ansprüchen gerecht wird. Die kleinen Blüten erscheinen in Büscheln, lachsrosa bis zartgelb, gut gefüllt und mit orangefarbenen Staubgefäßen. Sie remontiert und verträgt auch Halbschatten. Da sie buschig wächst, kann sie auch als freistehende Strauchrose gepflanzt werden. Ihr gesundes, lichtgrünes Laub hält bis in den späten Herbst. Sie befindet sich in guter Gesellschaft, denn viele Sorten wären es zwar Wert viel öfter gepflanzt zu werden, aber ihre schwierigen französischen oder englischen Namen stehen dem wohl entgegen. R HS 200 × 200 cm.

'Hiawatha', Rambler, Walsh 1904; 'Crimson Rambler' × 'Paul's Carmine Pillar'. Das erste Mal sah ich diese ungefüllte Rose in England bei einem Besuch der Rosenschule Peter Beales. Ihre purpurkarminrote Farbe ist unvergeßlich. Ich nahm gleich ein paar Veredlungsaugen mit, um die Sorte auch hier einzuführen. Die Blüten stehen in Dolden und haben eine helle, fast weiße Mitte. Der Wuchs ist stark, mit langen, aufstrebenden Trieben, bleibt jedoch trotzdem dicht verzweigt. Das etwas hellgrüne, große Laub paßt gut zur Pflanze. 'Hiawatha' ist der Name eines Indianerhäuptlings. Vergleichbar in der Farbe, jedoch viel heller ist 'American Pillar' (Van Fleet 1902). S A 500 × 200 cm.

'Janet B. Wood', Rambler, sehr alte Sorte, 1989 wiedereingeführt von Peter Beales; Ayrshire-Hybride. Reinweiß und locker gefüllt blüht sie im Sommer in Büscheln an sehr langen, zierlichen Trieben. Von den Ayrshire-Rosen gab es 50 bis 60 Sorten, nur wenige davon sind heute noch vorhanden. Da sie ein enormes Wachstum entwickeln, kann ein Haus in wenigen Jahren wie ein Dornröschenschloß überwachsen sein. Die bekanntere Sorte ist 'Ayrshire Queen' (Rivers 1835, zartrosa mit kleinen, halbgefüllten, etwas kugeligen Blüten). Da alle Ayrshire-Rosen halbschattenverträglich sind, wachsen sie auch gerne in große Bäume. S A HS 500 cm und mehr.

'Kiftsgate', Rambler, E. Murrell 1954; Sport oder Form von *R. filipes*. In riesigen, herabhängenden Büscheln blüht sie im Sommer cremeweiß mit goldgelben Staubgefäßen. Zum Herbst hin freuen sich die Vögel über Tausende erbsengroßer Hagebutten. Sie duftet gut und färbt ihr glänzendes, lichtgrünes Laub im Spätherbst rostrot. Gerne läßt man sie in alte Bäume klettern, denn sie verträgt gut Halbschatten. Wegen ihrer starken Bestachelung erreicht sie auch die Wipfel höherer Bäume. In sehr kalten Wintern kann sie zurückfrieren, sie schlägt danach aber mit sehr starken Trieben wieder aus. Ohne Klettergerüst kann sie große Flächen wie ein Bodendecker begrünen. A S HS HF F 900 cm.

'Maria Lisa', Rambler, syn. 'Maria Liesa', Liebau 1925; Multiflora-Hybride. Überaus reich, mit kleinen, ungefüllten Blüten, blüht 'Maria Lisa' einmal, aber sehr lange. Die Blüten, leuchtend rosa mit weißem Auge, stehen in dichten Trauben zu Tausenden über dem mittelgrünen Laub. Sie ist eine verläßliche Blüherin ohne allzu viele Stacheln. Als Kletterrose oder auf Stamm zur Kaskade gezogen ist sie zur Blütezeit ein Blickfang. Im Herbst trägt sie erbsengroße Hagebutten. Sie ist gut winterhart. Multiflora-Hybriden sollten nicht an zu trockenen Stellen gepflanzt werden, da sie dann leicht Mehltau bekommen. Auch Plätze im Regenschatten sollten gemieden werden. S A HS 400 × 250 cm.

'Minnehaha', Rambler, Walsh 1905; *R. wichuraiana* × 'Paul Neyron'. In großen Trauben, die an den langen Trieben in großer Fülle aufgereiht sind, blüht sie einmal sehr lange: in reinem Rosa, das beim Verblühen verblaßt und fast weiß wird. Das glänzende, dunkelgrüne Laubwerk ist recht robust, trozdem sollte sie nicht an zu trockene Standorte gepflanzt werden. Die weichen Triebe eignen sich bestens, um Rosenbögen zu beranken. Als Hochstamm veredelt bildet sie eine dichte Kaskade. Abgeblühte Triebe sollten sofort ausgeschnitten werden, um neuen, wuchskräftigen Ranken Platz zu machen. Sie sterben unter dem Blätterdach der neuen Triebe sonst ab. S BD 400 × 200 cm.

'Paul Noël', Rambler, Tanne 1913; *R. wichuraiana* × 'Monsieur Tillier'. Die dicht gefüllten Blüten in kleinen Büscheln – später im Jahr auch einzeln – sind gelblich-rosa. Sie öffnen sich flach mit dichten Wirbeln und duften gut. Die jungen Triebe sind bronzegefärbt, das Laub ist satt glänzend dunkelgrün. Viele Verwendungsbereiche sind möglich. Ob als Rambler, Bodendecker oder Kaskade – die Sorte wird immer Freude bereiten. Zum Spätherbst kann es einen leichten Mehltaubefall geben, der aber der Pflanze kaum schadet. Sie wird oft mit der Sorte 'Paul Transon' verwechselt, die aber etwas heller in der Farbe ist. Die Blüte hat einen fruchtigen Apfelduft. S T 400 × 200 cm.

'Polstjärnan', Rambler, syn. 'The Polar Star', 'White Rose of Finland', Wasastjärna 1937; Beggeriana-Hybride. Nicht nur der großen Winterhärte wegen ist dieser Rambler besonders wertvoll. Die kleinen Blüten sind reinweiß, gefüllt und erscheinen in Büscheln. Mit langen Trieben und hakenförmigen Stacheln klettert sie gut in Bäume. Auch als weit überhängender Strauch läßt sie sich gut verwenden. Fast ohne Stacheln ist der ebenso winterharte *R. helenae*-Sämling 'Lykkefund' (Olsen 1930). Kleine, einfache, cremeweiße Blüten stehen im Sommer in großen Dolden an der starkwüchsigen Pflanze. Sie bringt wie *R. helenae* viele kleine Hagebutten. A WH HS S 500 × 200 cm.

'Veilchenblau', Rambler, Schmidt 1909; 'Crimson Rambler' × 'Erinnerung an Brod'. Die kleine Einzelblüte ist lavendelfarben bis purpurviolett („blau"). Ein kleines, weißes Auge in Form von Streifen und Flecken schmückt die leicht gefüllte Blütenmitte. Sie blüht im Sommer an leicht bestachelten Trieben. Sie klettert gut und verträgt Halbschatten. Ein Sämling von 'Veilchenblau' und noch kräftiger in der Farbe ist 'Rose Marie Vieaud'; sie kam 1924 aus Frankreich und ist etwas gefüllter, was bei langen Regenperioden ein Nachteil ist. Das Laub ist wie bei der Muttersorte hellgrün. Die hellen Triebe sind nur leicht bestachelt, teils mit Borsten. Auch sie verträgt Halbschatten. S A HS 500 × 300 cm.

'**Dagmar Hastrup**', Bodendeckerrose, syn. 'Frau Dagmar Hastrup', Poulsen 1914, eingeführt von Wayside 1934; Rugosa-Hybride. Eine bewährte flächendeckende Rose mit großen, in Dolden stehenden, ungefüllten zartrosa Blüten und einem Kranz gelber Staubfäden. Trotz der guten Nachblüte bildet sie viele leuchtend rote Hagebutten, die im Herbst noch lange stehen. Das dunkle, rauhe Rugosa-Blatt auf den mit zahllosen spitzen Stacheln besetzten Trieben ist sehr widerstandsfähig. Sie wird sowohl wurzelecht als auch veredelt angeboten. Auf kalkreichen Böden ist die Veredlung vorzuziehen, gepflanzt werden etwa 2 bis 4 Pflanzen pro m². A D HS HF 60 × 60 cm.

'**Fiona**', Bodendeckerrose, Meilland 1979; 'Sea Foam' × 'Picasso'. Die locker mit 20 Petalen gefüllten, leuchtend blutroten Blüten sind mittelgroß. Sie erscheinen in großen Dolden bis in den Herbst. Die Pflanze hat viel glänzendes, dunkelgrünes und widerstandsfähiges Laub und wächst dichtbuschig und breit überhängend. Sie treibt stets kräftig durch, um neue Blüten zu bilden. Wegen ihres starken Wuchses eignet sie sich nur für größere Anpflanzungen. Aber auch über Gartenmauern hängend oder in größeren Kübeln kann sie verwendet werden. Alle 2 bis 3 Jahre sollte sie einen kräftigen Rückschnitt erhalten. Gepflanzt werden 2 bis 3 Pflanzen pro m². A H T HS D 80 x 100 cm.

'Gelbe Dagmar Hastrup', Bodendecker-rose, syn. 'Topaz Jewel', Moore 1987; 'Golden Angel' × 'Belle Poitevine'. Sie wurde 1989 von Strobel/Meilland in den Handel gebracht. Eine breitbuschig wachsende R. rugosa-Hybride mit vielen guten Eigenschaften. Die Blüte ist halbgefüllt und in den ersten Tagen kräftig gelb. Später verblaßt sie etwas zu lichtem Gelb. Sie duftet gut und blüht nach der Hauptblüte im Juni laufend etwas nach. Hagebutten bildet sie nicht. An allen Trieben trägt sie viele kräftige Stacheln. Sie ist sehr winterhart und für Hecken ebenso gut geeignet wie für Einzelpflanzung oder größere Flächen. 3 bis 4 Pflanzen werden pro m² benötigt. A D T 100 × 80 cm.

'Heideröslein Nozomi', Bodendecker-rose, syn. 'Nozomi', Onodera 1968; 'Fairy Princess' × 'Sweet Fairy'. Die langen schlanken Triebe, die flach auf dem Boden liegen, sind im Juni/Juli übersät mit kleinen, wildrosenartigen Blüten. Sie sind leicht duftend und perlmuttrosa. Das Laub ist glänzend grün und sehr robust. Die Pflanze bildet an den langen Trieben viele Seitentriebe, so daß sie ganz dicht wächst und den Boden gut abdeckt. Sie ist ein echter „Bodendecker", da sie nur 20 bis 40 cm hoch wird. Gepflanzt werden kann diese kleine Rose in Heidegärten, Trögen und an Böschungen. In Kübeln hängt sie gut über. Gepflanzt werden ca. 4 bis 5 Pflanzen pro m². S A T BD 30 × 100 cm.

R. pimpinellifolia 'Repens'. Bodendecker-Wildrose; *R. pimpinellifolia*-Sämling. Schon im Mai-Juni bringt diese kleine Bibernellrose zahlreiche einzelständige 3 bis 4 cm große Blüten. Gelblich-weiß leuchtet sie weithin sichtbar. Die Blätter sind gefiedert mit meist 7 bis 9 Blättchen. Die dunkelgrünen Blätter sitzen an dünnen, dunklen Zweigen mit spitzen Stacheln. Die Früchte, schwarz oder schwarzbraun, sind klein, glatt und halten bis in den Winter. Eine sehr anspruchslose Rose, die auf kargem Boden und auf Sandboden angesiedelt werden kann. *R. pimpinellifolia* 'Repens' kann nur wurzelecht vermehrt werden. Durch Ausläufer schöne Polster bildend. FJ A HS T 60 × 80 cm.

'Sternenflor', Bodendeckerrose, Schultheis 1989; Wichuraiana-Hybride. Unermüdlich blüht diese flachwachsende Rose mit weißen Sternentrauben. Die Einzelblüte ist ungefüllt mit gelben Staubfäden. Sie duftet stark und blüht sauber ab. Die kleinen, roten Hagebutten trägt sie bis in den Herbst. Durch den dichten, buschigen Wuchs deckt sie den Boden gut ab. Das dunkelgrüne, glänzende Laub ist unempfindlich gegen Rosenkrankheiten. Trockenheit liebt sie jedoch nicht. Ihre Wildrosenblüte macht sie auch für naturnahe Gärten sehr wertvoll. Die leuchtenden Blütensterne locken zahlreiche Insekten an. 3 bis 5 Pflanzen pro m² reichen aus. D BD T 20 × 60 cm.

'Swany', Bodendeckerrose, Meilland 1978; *R. sempervirens* × 'Mlle Marthe Carron'. Klein bis mittelgroß und sehr stark gefüllt mit bis zu 95 Petalen stehen die fast pomponförmigen Blüten in breiten Blütenständen. Sie sind im Aufblühen in der Mitte zart rosafarben, voll erblüht jedoch weiß. Sie erscheinen bis in den Herbst hinein. Der Wuchs ist weit ausladend mit langen Trieben, das Laub ist groß, dunkelgrün und glänzend. Ob als Bodendecker für Böschungen oder als niedrige Kletterrose, auf Stamm als Kaskade für Kübel oder Staudenbeete, überall fügt sie sich gut ein. Verwechselt wird sie oft mit der gleichaussehenden 'Snow Ballett'. 3 bis 5 Pflanzen pro m². A D BD 60 × 100 cm.

'The Fairy', Bodendeckerrose, Bentall 1932; Sport von 'Lady Godiva'. Erst viele Jahre nach ihrer Entstehung wurde diese kleinblumige Rose populär. Heute ist sie nicht mehr wegzudenken. Die rosettenförmigen Röschen sitzen in großen Blütentrauben dicht beisammen. In reinem leuchtendem Hellrosa erscheinen sie bis in den späten Herbst. Durch den dichten, überhängenden Wuchs deckt sie den Boden gut ab und bildet dichte Bestände. Das frischgrüne Laub ist nicht zu groß und widerstandsfähig gegen Rosenkrankheiten. Sie fühlt sich am wohlsten in nicht zu heißen Rabatten, auf Stamm oder in Kübeln an kühlen Standorten. 4 bis 5 Pflanzen pro m². A D BD 60 × 60 cm.

'**Alberich**', Zwergrose, syn. 'Happy', de Ruiter 1954; 'Robin Hood' × 'Katharina Zeimet'-Sämling. Die kleinen, johannisbeerroten Blütchen stehen dicht gedrängt in großen, pyramidalen Ständen. Sie sind leicht gefüllt und erscheinen sehr reich an der dicht und buschig wachsenden Rose. Das tiefgrüne Laubwerk ist widerstandsfähig und glänzend. Für unsere Gärten, die immer kleiner werden, und vor allem für die vielen Balkongärtner werden diese Miniaturrosen immer wertvoller und beliebter. Viele Sorten sind sehr robust und vertragen den Stand in Kästen und Kübeln. Als Busch genauso wie auf kleinen Stämmchen, erfreuen sie mit ihrer Blüte bis in den Herbst. T D 30 × 30 cm.

'**Eleanor**', Zwergrose, Moore 1963; *R. wichuraiana* × 'Floradora'. Die kleinen, gefüllten Röschen sind im Aufblühen lachsrosa und voll erblüht hellrosa. Die Einzelblüte ist flach und in der Mitte rosettenartig gefüllt. Die Blüten stehen in großen Büscheln über der buschig aufrecht wachsenden Pflanze. Das Laubwerk ist klein und mittelgrün. Eines der ältesten dieser kleinen Juwele ist 'Pompon de Paris' (auch 'Rouletii' genannt). Die kleinen, rundlichen Knospen öffnen sich zu 2 bis 3 cm großen, flach rosettenartig gefüllten Röschen, die in kleinen Ständen dicht über dem kleinen Laub stehen. Wurzelecht vermehrt wird die Pflanze nur 20 cm hoch. T D 30 × 30 cm.

'Guletta', Zwergrose, syn. 'Rugul' und 'Tapis Jaune', de Ruiter 1976; 'Rosy Jewel ' × 'Allgold'. In dichten Blütenständen stehen die leuchtenden, zitronengelben Blüten. Die spitzen Knospen öffnen sich zu gut gefüllten Blüten mit einer edlen Röschenform. Beim Abblühen werden die Einzelblüten schalenförmig und hellen leicht auf. Die Pflanze wächst dichtbuschig und aufrecht. Das kleine, hellgrüne Laub glänzt leicht. Sie verlangt guten Boden, da sie leicht einen Laubfall hat. Eine andere ausgezeichnete Sorte ist 'Baby Masquerade' (Tantau 1956). Wie ein Feuerwerk ändert sie die Farbe. Die spitzen Knospen sind außen goldgelb, innen orangefarben. T D 30 cm.

'Orange Meillandina', Zwergrose, syn. 'Orange Sunblaze', Meilland 1980; 'Tchin Tchin' × ('Baby Bettina' × 'Duchess of Windsor'). Die mittelgroßen Blüten sind dicht gefüllt, orangerot und hellen auch im Abblühen nur leicht auf. Sie sind lange haltbar und stehen einzeln oder in kleinen Dolden auf festen Stielen. Robustes und dichtes, leicht glänzendes Laubwerk zeichnet diese Sorte aus. 'Orange Meillandina' ist nur eine aus einer ganzen Reihe gleichartiger Zwergrosen mit den gleichen Eigenschaften. Bei 'Lady Meillandina' beispielsweise ist die Farbe ein pastellzartes Rosa mit gelber Mitte, bei 'Pink Meillandina' ein intensiv leuchtendes Pink. T D 35 cm.

'Popcorn', Zwergrose, Morey 1973; 'Katharina Zeimet' × 'Diamond Jewel'. Aus einer eiförmigen Knospe öffnen sich die strahlend weißen, kleinen, gefüllten Blüten. Sie duften süß nach Honig und passen gut zu dem glänzenden Laubwerk. Sie brachte einen Sport hervor, der 1991 und 1992 ausgezeichnet wurde. Diese Auszeichnungen waren wohl der Anlaß, 'Gourmet Popcorn', wie diese neue Sorte heißt, als Titelbild für das Buch „Modern Roses 10" zu verwenden. Sie ist reinweiß und blüht in großen Dolden. Das Laub ist sehr resistent und dunkelgrün, der Wuchs sehr buschig. Sie entstand in Kalifornien und wird in wenigen Jahren auch bei uns zu bekommen sein. T D 30 × 30 cm.

Zur Geschichte der Rosenzüchtung

Unsere heutigen Gartenrosen sind das Ergebnis einer jahrtausendelangen Entwicklung, deren Anfänge im dunkeln liegen.

Wildrosen gab es bereits, bevor der Mensch in Erscheinung trat, und zwar in vielen Teilen der Erde, die erstaunlicherweise alle auf der nördlichen Halbkugel liegen. In Europa sind vor allem *R. canina* (die Hundsrose), *R. gallica* (die Essigrose), *R. rubiginosa* (die Apfelrose), *R. arvensis* (die Feldrose) und *R. pimpinellifolia* (die Bibernellrose) heimisch. Einige der für die Entwicklung unserer heutigen Gartenrosen wichtigsten Wildrosen kommen jedoch aus dem Mittleren Osten *(R. phoenicia, R. moschata)* und dem Fernen Osten, vor allem aus China *(R. chinensis, R. wichuraiana* und *R. multiflora)* und Japan *(R. rugosa)*. Auch einige amerikanische Wildrosen erlangten Bedeutung, insbesondere *R. virginiana* und *R. carolina*.

Die wichtigsten Wildrosen	
Europa	**China/Japan**
R. arvensis	*R. chinensis*
R. canina	*R. gigantea*
R. gallica	*R. multiflora*
R. pimpinellifolia	*R. rugosa*
R. rubiginosa	*R. wichuraiana*
Mittlerer Osten	**Amerika**
R. moschata	*R. carolina*
R. phoenicia	*R. virginiana*

Die ersten europäischen Gartenrosen

Die Entwicklung der Gartenrosen begann vermutlich dort, wo sich die ersten Hochkulturen überhaupt entwickelten: in Mesopotamien. Von dort aus breitete die Gartenrose sich ins alte Ägypten, nach Griechenland und nach Rom aus. Zur Römerzeit war die Kultur von Rosen bereits hoch entwickelt; es muß schon Gartenformen von *R. gallica, R. × damascena* (vermutlich eine natürliche Kreuzung von *R. gallica* mit *R. phoenica*, „Sommer-Damaszenerrose", bzw. mit *R. moschata*, „Herbst-Damaszenerrose") und *R. × alba* (vermutlich eine natürliche Kreuzung von *R. canina* und *R. × damascena*) gegeben haben. Es handelte sich dabei bereits um gefüllte, also unfruchtbare Sorten, deren Erhaltung nur so erklärt werden kann, daß der Mensch mit Methoden vegetativer Vermehrung eingegriffen hat.

Bei der Entwicklung der Gartenrosen lassen sich mehrere Epochen unterscheiden, deren Dauer sich zunehmend verkürzt hat. Die erste Epoche dauerte bis Ende des 18. Jahrhunderts, d. h. bis Formen der China-Rose nach Europa gebracht wurden, durch die sich die Entwicklung der Rose dramatisch veränderte. Bis dahin waren alle Rosen – bis auf ganz wenige Ausnahmen – einmalblühende Strauchrosen, deren Farbspektrum die Töne Rosa und Karmesinrot bis Purpurviolett sowie Weiß umfaßte. Es sind die Gallica-, Damaszener- und Alba-Rosen sowie die Zentifolien und die Moosrosen.

Die ältesten europäischen Gartenrosen	
Gallica-Rosen	Zentifolien
Damaszenerrosen	Moosrosen
Alba-Rosen („Weiße Rosen")	

► Gallica-Rosen

Als älteste Gruppe dieser Gartenrosen gelten die Formen von *R. gallica*. Die älteste und bei weitem bedeutendste unter den ihnen ist *R. gallica* 'Officinalis'. Als „Apothekerrose" hatte sie jahrhundertelang große wirtschaftliche Bedeutung für die Parfümherstellung und auch für Heilzwecke. Zentrum ihrer Verwendung war die kleine Stadt Provins südöstlich von Paris. Als 'Rote Rose von Lancaster' ging sie mit den Rosenkriegen in die Geschichte ein. Ein besonders interessanter gestreifter Sport dieser Rose ist *R. gallica* 'Versicolor', auch 'Rosa Mundi' genannt.

Das Tempo der Entwicklung der Gallica-Rosen wird aus folgenden Zahlen deutlich: Anfang des 17. Jahrhunderts soll es gerade ein Dutzend verschiedener Sorten gegeben haben. Die Züchtung neuer Sorten aus Sämlingen – zuerst in Holland, bald darauf und verstärkt in Frankreich – führte dazu, daß die Zahl der Sorten bis zum Beginn des 19. Jahrhunderts auf über 1000 anstieg. Die Gallica-Rosen sind wegen ihres leicht zu bändigenden Wuchses (niedrige Sträucher von ca. 1,20 m Höhe, sehr gesund und winterhart), der intensiven Farben (Rosa bis Karmesinrot, das meist in Mauve oder Purpur übergeht, kein Weiß) und wegen ihres vorzüglichen Duftes ausgezeichnete und beliebte Gartenrosen.

▶ Damaszenerrosen

Wie Gallica-Rosen, waren auch Damaszenerrosen *(R. × damascena)* bereits bei den Persern bekannt. Nach Europa kamen die ersten Damaszenerrosen vermutlich durch die Kreuzritter, zuerst nach Frankreich, von da aus in das übrige Europa.

Die Damaszenerrosen bilden etwas größere Sträucher und die Blütenfarben sind etwas zarter, es gibt auch weiße Sorten. Sie haben einen charakteristischen, köstlichen Duft. Einige der schönsten und beliebtesten historischen Rosen gehören zu dieser Gruppe.

Blütenformen:
1. **hochgebaut,**
2. **geteilt,**
3. **formlos,**
4. **flach,**
5. **kugelig,**
6. **rosettenförmig,**
7. **geviertelt,**
8. **becherförmig.**

Die beliebtesten Gallica-Rosen

Sorte	Entstehung	Blüten	Bemerkungen
'Aimable Rouge'	vor 1800	samtig rot mit Violett überlaufen und hellem Rand	
'Camaieux'	1830	zartrosa mit Weiß und Karmin gestreift, locker gefüllt	
'Cardinal de Richelieu'	1840	mauve/purpur	eine der dunkelsten Rosen überhaupt
'Charles de Mills'	vor 1811	purpur-karmesinrot	mit besonders großen, auffälligen Blüten
'Conditorum' („Konditorrose")	sehr alt	purpurrot mit goldgelben Staubgefäßen	
'Duc de Guiche'	vor 1810	karmin- bis rosarot/ purpur/violett	
'James Mason'	1982	leuchtendes Weinrot mit goldfarbenen Staub-gefäßen	eine neue Ergänzung der Gallica-Rosen (von Peter Beales)
'Officinalis' („Apothekerrose")	vor 1310	hell karmesinrot mit auffallenden gelben Staubgefäßen	älteste und bei weitem bedeutendste Gallica-Rose, jahrhundertelang bedeutend für Parfümherstellung und als Heilmittel
'Tuscany Superb'	vor 1848	dunkelstes Kastanien-Karmesinrot mit strahlend goldfarbenen Staubgefäßen	
'Versicolor' ('Rosa Mundi')	etwa 1583	karminrosa, rosé und weiß gestreift	wahrscheinlich die älteste gestreifte Rose
'Violacea'	vor 1800	samtig dunkelrot mit leuchtend goldgelben Staubgefäßen	etwas höher im Wuchs

Die beliebtesten Damaszenerrosen

Sorte	Entstehung	Blüten	Bemerkungen
'Blush Damask'	1759	innen rosa, außen blaßrosa	
'Celsiana'	vor 1750	zartrosa mit goldfarbenen Staubgefäßen	
'Coralie'	vor 1848	fleischrosa	
'Ispahan'	vor 1832	leuchtend rosa, stark duftend	
'Jacques Cartier'	1868	reinrosa mit dunklerer Mitte	
'Marie Louise'	vor 1813	mauve-rosa	
'Mme Hardy'	1832	weiß mit einem Knopfauge	ein Klassiker unter den historischen Rosen
'Petite Lisette'	1817	intensiv rosa	
'Quatre Saisons' (*R* × *damascena* 'Bifera', „Herbst-Damaszener-rose")		seidigrosa, Blütenknospen und -stiele mit bräunlich-grünem „Moos" über-zogen	„Herbst-Damaszenerrosen", einzige wiederholt blühende historische Rosen vor Auf-kommen der China-Rosen
'Quatre Saisons Blanc Mousseux' ('Perpetual White Moss')		wie 'Quatre Saisons', aber weiß	
'Rose de Resht'	vor 1880	hell purpurrot	erst 1970 entdeckt
'Trigintipetala' ('Kazanlik')	vor 1689	seidig rosa mit sehr starkem Duft	wird heute noch in Bulgarien, in Kazanlik, zur Gewinnung von Rosenöl angebaut
'York and Lancaster'	vor 1629	rosa oder weiß oder rosa-weiß gefleckt	

◤ Alba-Rosen

Bei der kleinen Gruppe der Alba-Rosen *(R. × alba)* handelt es sich um besonders edle alte Rosen. Die Alba-Rosen unterscheiden sich deutlich von den anderen Gruppen durch ihr graugrünes Laub und die größere Wuchshöhe von 1,80 m und mehr.

Die beliebtesten Alba-Rosen		
'Amelia'	1823	lebhaft, kirschrosa
'Céleste'	vor 1759	hellrosa
'Chloris'	vor 1848	zartrosa
'Félicité Parmentier'	1836	zartrosa
'Maiden's Blush'	vor 1500	weiß mit rosa Hauch
'Maxima'	vor 1600	rahmweiß, gefüllt
'Semiplena'	vor 1600	weiß, nur leicht halbgefüllt
'Suaveolens'	vor 1750	weiß, halbgefüllt

◤ Zentifolien

Die Zentifolien *(R. × centifolia,* „hundertblättrige Rosen") wurden lange Zeit zu den ältesten Rosen gezählt, weil hundertblättrige Rosen schon in der Antike erwähnt werden. Wie neueste Forschungen jedoch ergaben, handelt es sich um eine recht junge Gruppe, die in Holland im 17. und frühen 18. Jahrhundert entwickelt wurde, eine sehr komplexe Kreuzung, an der *R. gallica, R. phoenicia, R. moschata* und *R. canina* beteiligt gewesen sein müssen.

Für diese Rosengruppe charakteristisch ist ein eher lockerer Wuchs mit vielen Stacheln, kugelige und sehr dicht gefüllte Blüten und eine Farbskala, die von reinen Rosatönen bis zu Karmesinrot, Mauve und Purpur reicht und auch Weiß umfaßt. Ganz besonders überzeugen die Zentifolien durch ihren intensiven Duft. Die Zentifolien sind die Rosen der holländischen Blumenmaler des 18. Jahrhunderts.

Die beliebtesten Zentifolien		
'Fantin Latour'	19. Jh.	zartrosa
'Reine des Centfeuilles'	1824	reinrosa

◤ Moosrosen

Bei den Moosrosen handelt es sich um Sports von Zentifolien, also um zufällige Mutationen. Das Besondere an ihnen sind moosartige Auswüchse, insbesondere an den Kelchblättern, manchmal auch an den Blütenstielen. Moosrosen waren besonders Mitte des 19. Jahrhunderts in Mode. Einige Sorten sind auch heute noch beliebt.

Die beliebtesten Moosrosen		
'Cristata' ('Chapeau de Napoléon')	1826	silbrig rosa, stark duftend
'Muscosa'	17. Jh.	intensiv rosa, typischer Zentifolienduft
'William Lobb'	1855	purpurrot mit silbriger Rückseite

Das Aufkommen der China-Rosen

Bei den in Europa bekannten Rosen handelte es sich, wie schon erwähnt, um einmalblühende Strauchrosen in der Farbskala Rosa bis Karmesinrot/Mauve/Purpur und Weiß.

Dieses Spektrum wurde erheblich ausgeweitet, als Ende des 18. Jahrhunderts aus dem bis dahin für die Außenwelt abgeschlossenen China die ersten China-Rosen nach Europa gebracht wurden.

Es handelt sich dabei um Gartenrosen, die in China schon seit langer Zeit kultiviert wurden, wahrscheinlich Kreuzungen von *R. chinensis* und *R. gigantea.* Mit ihnen erweiterte sich das Spek-

Die ersten China-Rosen		
'Parks' Yellow Tea-scented China'	1824	gelb, öfterblühend, mit dem typischen Teerosenduft
'Parson's Pink China' ('Old Blush')	1793	rosa, öfterblühend, fast ohne Duft
'Slater's Crimson China'	1792	kirschrot, öfterblühend

trum der Rosen gewaltig. Die wohl wichtigste Neuerung war, daß die China-Rosen wiederholt blühen. Eng damit verbunden ist ihre geringere Wuchshöhe, die sie und ihre Abkömmlinge für unsere kleinen Gärten so interessant macht. Daneben erweiterte sich die Farbskala um reine Rottöne und um Gelb. Darüber hinaus kam mit den China-Rosen ein neuartiger Rosenduft in unsere Gärten, der sogenannte Teerosenduft. Dafür, wie dieser Duft zu seinem Namen kam, gibt es verschiedene Theorien, es wird sogar angezweifelt, ob er überhaupt etwas mit Tee zu tun hat; trotzdem spricht man vom „typischen Teerosenduft". Es kamen mit den China-Rosen aber auch nur schwach oder gar nicht duftende Rosen in unsere Gärten. Darüber hinaus ging die bis dahin vorhandene Winterhärte vielfach verloren. Ein weiterer Nachteil ist der jährlich erforderliche Rückschnitt, der bei den bis dahin bekannten Rosen in dieser Form nicht notwendig war.

Durch Kreuzungen mit den China-Rosen entstanden neue Gruppen, die im Aussehen den

Nach dem Aufkommen der China-Rosen entstandene neue Gruppen historischer Rosen
China-Rosen
Portland-Rosen
Noisette-Rosen
Bourbon-Rosen
Remontant-Rosen

bisherigen Rosen noch ziemlich ähnlich waren, aber den mehr oder weniger ausgeprägten Vorzug hatten, nicht nur einmal zu blühen. Die Rosen dieser Gruppen zählen heute, obwohl sie durchaus schon den Einfluß der China-Rosen erkennen lassen, immer noch zu den historischen Rosen.

◢ China-Rosen

Die Bedeutung der China-Rosen für die Entwicklung unserer heutigen Gartenrosen lag hauptsächlich darin, daß sie wegen ihrer neuen

Heute noch beliebte China-Rosen			
'Little White Pet'	1879	dicht gefüllte, rosettenförmige weiße Blüten	Wuchshöhe nur 50 cm, winterhart
'Mlle Cécile Brunner'	1880	kleine, edle Blüten in zartem Rosa, es gibt auch einen weißen Sport	Wuchshöhe nur 90 cm, eine „Knopflochrose"
'Mutabilis'	1932	Blüten verändern im Aufblühen ihre Farbe	sehr auffallend
'Old Blush' ('Slater's Pink China')	1789	dauerblühend	„Monatsrose"
'Perle d'Or'	1884	dauerblühend, orangegelb	eine echte „Perle"

Heute noch beliebte Portland-Rosen

'Comte de Chambord'	1860	kräftig rosa, stark duftend	
'Duchess of Portland', 'Portlandrose'	un- bekannt	leuchtend hellrot, mit goldgelben Staubgefäßen	die ursprüngliche Portland-Rose
'Mme Boll'	1850	kräftig rosa, geviertelt, stark duftend	Inbegriff der „Alten Rose"
'Rose du Roi'	1815	leuchtend karminrot	
'Rose du Roi à Fleurs Pourpres'	1819	leuchtet rot, mit Violett und Purpur getönt	

Eigenschaften in großem Umfang zur Züchtung neuer Sorten verwendet wurden. Einige der China-Rosen sind aber bis heute noch als Gartenrosen beliebt.

Die Zahl der Portland-Rosen blieb nur gering, da die Gruppe bald von den Bourbon-Rosen verdrängt wurde. Aber einige Sorten sind heute noch beliebt.

Portland-Rosen

Die Portland-Rosen gelten als die erste Gruppe, die unter dem Einfluß der China-Rosen entstand, da ihr wiederholtes Blühen auf die Abstammung von einer China-Rose zurückgeführt wird. Diese Ansicht ist jedoch umstritten; es wird auch vermutet, daß das Remontieren der Portland-Rosen auf die Abstammung von 'Quatre Saisons' (*R.* × *damascena* 'Bifera', Herbst-Damaszenerrose), zurückzuführen ist.

Bourbon-Rosen

Die Bourbon-Rosen lösten die Portland-Rosen bald an Beliebtheit ab. Die Gruppe blieb aber nur klein, denn auch sie wurde bald durch die Remontant-Rosen verdrängt. Die Bourbon-Rosen haben zwar noch die Blüten und den Wuchs im klassischen Stil, Blätter und Triebe weisen aber schon auf die späteren Teehybriden hin. Zu dieser Gruppe gehören einige der schönsten Rosen überhaupt.

Heute noch beliebte Bourbon-Rosen

'Boule de Neige'	1867	weiß, stark duftend	öfterblühend
'Louise Odier'	1851	hell rosarot bis zum Verblühen, stark duftend	eine Spitzensorte
'Mme Ernest Calvat'	1888	rosa, kräftiger Duft	Sport von 'Mme Isaac Pereire'
'Mme Isaac Pereire'	1881	karminrosa mit Purpur, geviertelt, sehr stark duftend	sehr große Blüten, Strauch- oder Kletterrose
'Mme Pierre Oger'	1878	perlmuttfarben	Sport von 'Reine Victoria'
'Reine Victoria'	1872	seidig rosa, mit leichtem Duft	verlangt luftigen Standort
'Souvenir de la Malmaison'	1843	zart rahmfarbig mit einem Anflug von Rosa, stark duftend	die „Königin der Bourbon-Rosen"

Noisette-Rosen

Etwa zur Zeit der Portland- und Bourbon-Rosen züchtete der amerikanische Reisanbauer John Champney 'Champney's Pink Cluster', vermutlich eine Kreuzung zwischen einer China-Rose (wahrscheinlich 'Old Blush'), mit *R. moschata*. Sein Nachbar Philippe Noisette, ein Baumschuler, selektierte aus Sämlingen dieser Rose 'Blush Noisette', die erste öfterblühende Kletterrose. Nach ihm erhielt die ganze Gruppe später ihren Namen. Einige der schönsten Kletterrosen gehören zu dieser Gruppe. Durch Kreuzung von 'Blush Noisette' mit 'Parks' Yellow China', einer gelben China-Rose, entstanden später auch gelbe Noisette-Rosen. Einige Noisette-Rosen sind heute noch beliebt.

Remontant-Rosen

Der Name Remontant-Rosen ist leider wenig aussagefähig, denn „remontieren" (d. h. nachblühen oder wiederholt blühen) tun Rosen anderer Gruppen auch. Mit den Remontant-Rosen beginnt jedoch eine neue Ära in der Kultur von Rosen. Sie sind erstmals das Ergebnis gezielter Züchtung in großem Stil, wobei das Interesse der Züchter sich – im Hinblick auf die Eignung der Sorte für die in Mode kommenden Rosenausstellungen – vornehmlich auf die Schönheit der Blütenknospe konzentriert, und die Pflanze als Ganzes in ihrer Eignung als Gartenpflanze leider stark in den Hintergrund gerät. Auch der vorher fast selbstverständliche Duft ging vielfach verloren, weil Sorten auch dann zur Züchtung verwendet wurden, wenn sie nur wenig oder gar nicht dufteten, aber besonders schöne Blüten hatten, beispielsweise 'Frau Karl Druschki'. Der Erfolg der Remontant-Rosen war insgesamt sehr groß. Entsprechend groß war die Zahl der Sorten, die innerhalb kurzer Zeit auf den Markt gebracht wurde, und die Remontant-Rosen verdrängten die zuvor beschriebenen Gruppen bald völlig. Die meisten dieser Remontant-Rosen sind heute vergessen, einige aber, darunter sogar einige sehr gut duftende, sind heute noch beliebt.

Teerosen und Floribunda-Rosen

Parallel zu den Remontant-Rosen war eine Gruppe von Rosen entstanden, die als Teerosen bezeichnet wurden. Die ersten davon kamen aus China, 1810 'Humes's Blush' und 1824 'Parks' Yellow Tea-scented China'. Es handelt sich vermutlich um Kreuzungen zwischen *R. gigantea* und *R. chinensis*. Diese Rosen waren in mehrfacher Hinsicht attraktiv: sie hatten eine verlängerte Blütezeit, das Farbspektrum umfaßte auch Gelb, die Knospen hatten eine hohe, spitze Mitte und sie hatten einen außergewöhnlichen Duft, den sogenannten Teerosenduft. Daß sie größtenteils nicht winterhart waren und nur in Gewächshäusern kultiviert werden konnten, trug damals – Gewächshäuser waren gerade hochmodern – nur noch mehr zu ihrer Attraktivität bei.

Heute sind mit den Gewächshäusern auch die Teerosen weitgehend verschwunden, denn für

Heute noch beliebte Noisette-Rosen			
'Aimée Vibert'	1828	weiß	vergleichsweise winterhart, blüht sehr spät im Jahr
'Bouquet d'Or'	1872	goldgelb mit Lachs	vergleichsweise winterhart
'Maréchal Niel'	1864	schwefelgelb	ideal für eine Gewächshauswand
'Mme Alfred Carrière'	1879	weiß, leicht rosa schimmernd	zauberhafte Blüten
'Meteor'	1887	karminrot	vergleichsweise winterhart

Heute noch beliebte Remontant-Rosen

'Alfred Colomb'	1865	erdbeerrot bis karminrosa	gut duftend
'Anna de Diesbach'	1859	dunkelrosa bis rosarot	sehr stark duftend
'Clio'	1894	zartrosa und dick gefüllt	
'Comtesse Cécile de Chabrillant'	1858	ähnlich 'Mrs John Laing', aber etwas gefüllter	stark duftend, öfterblühend
'Ferdinand Pichard'	1921	dunkelrosa, rosa und weiß gestreift	gut nachblühend
'Frau Karl Druschki'	1901	schneeweiß, sehr schöne Blüte	leider ohne Duft
'Heinrich Schultheis'	1882	rosa, sehr große Blüte	gut als Schnittrose
'La Reine'	1842	etwas kugelige Blüte	
'Mrs John Laing'	1887	silbrig rosa	duftend
'Prince Engelbert Charles d'Aremberg'	1877	fast päonienförmige Blüte	
'Ruhm von Steinfurth'	1920	rosa, edelrosenähnlich	gut duftend
'Sidonie'	1847	reinrosa	mit einem Knopfauge
'Vick's Caprice'	1893	lilarosa mit weißen Streifen und Flecken	gefälliger Wuchs

unsere Gärten gelten sie als nicht winterhart genug.

▶ Teehybriden

Gleichwohl erlangten die Teerosen für die Entwicklung der Gartenrosen enorme Bedeutung. Denn durch Kreuzung von Remontant-Rosen mit Teerosen entstand eine neue Klasse von Rosen, die die Rosenwelt revolutionieren sollte: die Teehybriden.

Allgemein gilt 'La France', 1867 in Frankreich von Guillot gezüchtet, als erste Teehybride. Er hatte die Remontant-Rose 'Mme Victor Verdier' mit der Teerose 'Mme Bravy' gekreuzt. Das Jahr 1867 wird heute allgemein als der Beginn der Rosen-Neuzeit angesehen. Obwohl durchaus eingeräumt werden muß, daß eine solche Abgrenzung willkürlich ist, gelten heute Rosen, die Gruppen angehören, die vor Einführung von 'La France' bestanden, als „Alte Rosen", und alle danach entstandenen Gruppen als „Moderne Rosen".

Die Teehybriden waren in mehrfacher Hinsicht neu.

Erstens in ihrem Wuchs. Teehybriden sind Buschrosen, im Gegensatz zu fast allen bis dahin bekannten Rosen, bei denen es sich um Strauchrosen handelt. Ihr Wuchs ist straff aufrecht und erreicht eine Höhe von ca. 1 m. Sie müssen jährlich stark zurückgeschnitten werden, sind dann aber öfterblühend. Mit etwas Winterschutz sind sie für unsere Gärten winterhart genug.

Zweitens in ihrer Blüte. Wie schon bei den Remontant-Rosen, verlagerte sich das Interesse der Züchter vornehmlich auf die einzelne Blüte, und hier wiederum auf das Knospenstadium. Bei der Teehybride sitzt an jedem Stielende eine lange, schlanke, spitze Knospe mit hoher Mitte. Die geöffnete Blüte selbst ist weniger attraktiv. Der Erfolg der Teehybriden war so durchschlagend, daß sie bald alle anderen Rosen aus unseren Gärten verdrängten. Dieser Erfolg hat bis heute angehalten. Wegen ihrer edlen Blütenform gelten sie schlechthin als „Edelrosen".

Beliebte Teehybriden (Edelrosen)

'Baronne Edmond de Rothschild'	1969	kräftig pinkrosa mit heller Oberseite	anspruchslos und gesund, dankbare Schnittrose
'Dainty Bess'	1925	einfache Blüten in zartem Rosa mit orange-braunen Staubgefäßen	sehr ungewöhnlich
'Elina'	1984	zartgelb, leicht duftend	gut als Schnittrose
'Gold Glow'	1959	rein goldgelb und gut duftend	reichblühende, bewährte Sorte
'Gloria Dei' ('Peace')	1945	goldgelbe Blüten mit rosafarbenem Rand, päonienförmig	berühmteste und meistverkaufte gelbe Teehybride der Welt
'Ingrid Bergmann'	1984	tief dunkelrot mit samtigen Blütenblättern	gut als Beetrose
'Just Joey'	1972	kupfrig-orange mit Zartrosa schattiert	eine der schönsten Rosen
'Königin der Rosen'	1964	lachsrot, Unterseite in warmem Gelb, herrlich duftend	besonders gut als Schnittrose
'La France'	1867	silbrig rosa, stark duftend	gilt als erste Teehybride
'Landora'	1970	leuchtendes, reines Goldgelb	sehr robust
'Mabella'	1972	zitronengelb mit wunderbarem Teerosenduft	elegante, duftende Schnittblumen, etwas für Liebhaber
'Mauve Melodee'	1962	lila, herrlich duftend	eine der „blauen" Rosen
'Papa Meilland'	1963	samtig dunkelrot, mit einzigartigem, vollem Duft	eine der besten Duftrosen
'Rouge Meilland'	1983	reines, leuchtendes Blutrot, am Rand samtig überlaufen, päonienförmig	sehr reichblühend
'Roy Black'	1993	reinweiß, zart duftend	eine der schönsten neuen weißen Rosen
'The Queen Elizabeth Rose' ('Queen Elizabeth')	1954	zart reinrosa, Blüten einzeln oder in Büscheln	eine der gesündesten und reichblühendsten Rosen
'Trade Gris'	1966	graublau	sehr seltene Blütenfarbe
'Whisky'	1967	bronzegelbe, edelgeformte Blüten mit herrlichem Duft	eine der auffallendsten und schönsten ihrer Farbgruppe
'White Wings'	1947	weiße, einfache Blüten mit orange-braunen Staubgefäßen	sehr ungewöhnlich

Beliebte Floribunda-Rosen (Beetrosen)

'Allotria'	1958	leuchtend orangerot	außerordentlich robust und gesund, reichblühende, dankbare Beetrose
'Amber Queen'	1984	tief ambergelb, im Aufblühen leicht heller, mit gutem Duft	eine beliebte Sorte dieser Farbrichtung
'Bonica '82'	1982	leuchtendes, kräftiges Rosa	sehr frosthart, auch gut als Schnittrose geeignet
'Chorus'	1975	leuchtend zinnoberrot	dankbare Beet- und Rabattenrose
'Duftwolke'	1963	dunkel korallenrot mit intensivem Duft	eine der bewährtesten und erfolgreichsten Floribunda-Rosen, sehr winterhart
'Friesia'	1973	leuchtend goldgelb, die Farbe hält bis zum Verblühen	eine Spitzensorte unter den gelben Floribunda-Rosen
'Gruß an Aachen'	1909	zartrosa, Blüte geviertelt im Stil Alter Rosen, leicht duftend	im Charakter wie David Austins Englische Rosen
'Inge Schubert'	1994	rosenrot bis rosa	reichblühend
'Lemon Yellow'	1977	sanftes Gelb, zu Cremegelb aufhellend, pastellzarte Farbe	gesund, reichblühend und winterhart
'Margaret Merril'	1977	rosigweiß mit seidigen, gewellten Blütenblättern und wundervollem, starkem Duft	erhielt viele Auszeichnungen
'Matthias Meilland'	1988	sattes Rotorange	sehr pflegeleicht, reichblühend
'Montana'	1974	blutorangerot	eine besonders robuste Sorte
'Nina Weibull'	1961	dunkelrot	anspruchslos, sehr blühwillig und winterhart, eine vollkommene Beetrose
'Prince Igor'	1970	feurig kapuzinerrot, in Goldbronze übergehend	sehr robust und reichblühend
'Rosa Gruß an Aachen'	1930	Sport von 'Gruß an Aachen', kräftig rosa	im Charakter wie David Austins Englische Rosen
'Sebastian Schultheis'	1979	Sport von 'The Queen Elizabeth Rose', aber kräftiger in der Farbe (leuchtend karminrosa)	geeignet für Hecken, Beete und Staudenrabatten sowie als Schnittrose
'Weiße Gruß an Aachen'	1944	Sport von 'Gruß an Aachen', weiß	im Charakter wie David Austins Englische Rosen

Ihr Aussehen hat sich im Lauf der über hundert Jahre, die sie nun in unseren Gärten sind, nicht unwesentlich verändert. Jährlich werden neue Sorten herausgebracht, die auf irgendeine Weise „mehr" oder auch nur anders sind. Sie sind nicht unbedingt auch schöner, viele duften leider auch nur schwach oder gar nicht oder sind sehr krankheitsanfällig. Die neueren Sorten verdrängen die alten, und heute gelten einige der frühen Teehybriden schon wieder als „historische Rosen", obwohl es sich streng genommen bei allen Teehybriden um „moderne Rosen" handelt. In jüngster Zeit wird vor allem Wert auf Pflegeleichtigkeit und Robustheit und, im Hinblick auf das gestiegene Umweltbewußtsein, auf größere Widerstandsfähigkeit gegen Krankheiten gelegt. Diese Tendenz trägt aber weiter dazu bei, daß der Charme der historischen Rosen zunehmend auf der Strecke bleibt.

Floribunda-Rosen

Neben den Teehybriden („Edelrosen") sind heute die Floribunda-Rosen („Beetrosen") am weitesten verbreitet. Wie bei den Teehybriden handelt es sich dabei um Buschrosen, nicht um Strauchrosen, und wie diese sind sie öfterblühend. Der Unterschied zu den Teehybriden besteht darin, daß die Blüten nicht einzeln, sondern in Büscheln erscheinen, wodurch sie eine besonders kräftige Farbwirkung ergeben, ein Umstand, der ihre große Beliebtheit erklärt. Sie entstanden durch Kreuzung von Polyantha-Rosen (Abkömmlingen von *R. multiflora*) mit Teehybriden.

Moderne Strauchrosen

Die beste Wirkung mit Teehybriden und Floribunda-Rosen im Garten erzielt man durch das Pflanzen in Gruppen oder eine großflächige Anpflanzung. Es handelt sich im Grunde bei beiden Gruppen um Beetrosen im Gegensatz zu den Alten Rosen, bei denen es sich durchweg um Strauchrosen handelt. Parallel zur Entwicklung der Teehybriden und Floribunda-Rosen

wurde auch eine Reihe moderner Strauchrosen entwickelt. Sie entstanden durch Verwendung weiterer Wildrosen, insbesondere *R. multiflora* (deren Einfluß wir schon bei den Floribunda-Rosen kennengelernt haben), *R. moschata* (deren Erbgut bereits in den Alten Rosen enthalten ist, beispielsweise in der Herbst-Damaszenerrose) und *R. rugosa* (aus Japan zu uns gekommen, etwa seit Ende des 19. Jahrhunderts). Das Spektrum der Gartenrosen wurde dadurch weiter erheblich ausgeweitet. Die jüngste Entwicklung sind die sogenannten Englischen Rosen des englischen Züchters David Austin, der durch Kreuzung moderner Rosen mit Alten Rosen eine neue Klasse von Rosen schuf, die die besten Eigenschaften beider Gruppen miteinander vereint.

Öfterblühende Strauchrosen

Rugosa-Rosen (Rugosa-Hybriden)

Moschus-Rosen (Moschata-Hybriden)

Öfterblühende Strauchrosen (komplexer Abstammung)

Englische Rosen

Rugosa-Rosen

Die durch Kreuzung mit der aus Japan zu uns gekommenen Wildrose *R. rugosa* entstandenen Gartenrosen unterscheiden sich meist deutlich von den herkömmlichen Gartenrosen durch ihr andersartiges, grob gemasertes („runzliges", „typisches Rugosa-")Laub. Die Hagebutten sind außergewöhnlich groß und tomatenähnlich. *R. rugosa* ist eine der wenigen öfterblühenden Wildrosen, sie ist außerdem leicht duftend, ausgesprochen winterhart und sehr anspruchslos und gedeiht auch auf kargem, sandigem Boden. Da sich diese hervorragenden Eigenschaften durch Kreuzung gut auf die Abkömmlinge übertragen lassen, gehören die Rugosa-Hybriden zu den besonders bewährten und beliebten Gartenrosen. Viele der Rugosa-Rosen haben einen außergewöhnlich guten Duft.

Beliebte Rugosa-Rosen

'Agnes'	1922	bernsteingelb, am Rand aufhellend, sehr gut duftend	sehr winterhart, gelegentlich remontierend
'Blanc Double de Coubert'	1892	reinweiß mit starkem Duft	wunderschöne Blüte mit besonders starkem Duft
'F. J. Grootendorst' ('Nelkenrose')	1918	karminrot, Blütenblätter am Rand nelkenartig gefranst	reich- und öfterblühend
'Mme Georges Bruant'	1887	rahmweiß bis weiß	remontierend, als Hecke undurchdringlich
'Pink Grootendorst'	1923	Sport von 'F. J. Grootendorst' reinrosa	Nelkenrose
'Rosa Zwerg'	1985	rosa	sehr gesund
'Rose à Parfum de l'Hay'	1985	kirschrot bis violett, sehr starker Duft	gesunde Rose
'Roseraie de l'Hay'	1901	purpur schattiertes Karminrot, stark duftend	dauerblühend
'Rotes Meer'	1985	lilarot	dauerblühend, Früchte
'Schneelicht'	1894	reinweiß, einfach	eignet sich gut für dichte Hecken
'Schneekoppe'	1985	weiß	dauerblühend, Früchte
'Weiße Nelkenrose'	1966	weiß, nelkenartig gefranste Blütenblätter	

Moschusrosen (Moschata-Hybriden)

Dem deutschen Züchter Lambert in Trier glückte 1902 mit der Sorte 'Trier' eine remontierende Strauchrose. 'Trier' ist vermutlich ein Zufallssämling von 'Aglaia' (deren Elternsorten wiederum sind *R. multiflora* und die Noisette-Rose 'Rêve d'Or'). Mit 'Trier' als Elternsorte schuf der Engländer Pemberton zwanzig Jahre später die sogenannten Moschus-Rosen. Die Abstammung von der Moschus-Rose, *R. moschata*, besteht zwar nur sehr entfernt (über die Noisette-Rosen), der Name ist dennoch nicht irreführend, da die Rosen dieser Gruppe einen kräftigen Duft haben, der dem der Moschus-Rose nicht unähnlich ist. Zu den Moschus-Rosen gehören einige unserer beliebtesten Strauchrosen.

Beliebte Moschusrosen

'Ballerina'	1937	zartrosa Blüten mit hellem Auge
'Buff Beauty'	1939	aprikosengelb, gut duftend
'Felicia'	1928	lachsrosa mit rosa und gelbem Grund
'Nur Mahal'	1923	leuchtend karmesinrot, süß duftend
'Penelope'	1924	lachsrosa mit Gelborange, im Verblühen fast weiß

Sonstige öfterblühende Strauchrosen
Die Auswahl unter sonstigen öfterblühenden Strauchrosen ist riesig. Die Abstammung dieser Sorten ist teilweise sehr komplex. Zu dieser Gruppe gehören einige sehr reizvolle und wunderschöne Sorten.

Sonstige öfterblühende Strauchrosen			
'Centenaire de Lourdes'	1958	rein rosa, stark duftend	eine der schönsten öfterblühenden Strauchrosen
'Golden Wings'	1956	ungefüllt, schwefelgelb mit kontrastreich abgesetzten orangeroten Staubgefäßen	ein eindrucksvoller Strauch
'Lichtkönigin Lucia'	1966	dunkelgelbe Knospen, Blüten weithin hellgelb leuchtend	eine der besten gelben öfterblühenden Strauchrosen
'Marguerite Hilling'	1959	ein Sport von 'Nevada', karminrosa mit heller Mitte	gefällt manchen noch besser als 'Nevada'
'Nevada'	1927	fast reinweiß	frühblühend, ein imposanter Strauch, geringere Nachblüte
'Schneewittchen'	1958	reinweiß, leider kaum duftend	eine der bekanntesten weißen Rosen
'Stanwell Perpetual'	1838	zartrosa, Blüte geviertelt und gedreht	dauerblühend, eine Seltenheit unter den Alten Rosen, winterhart
'Westerland'	1960	bernsteinfarben bis leuchtend kupfrig-orange, gut duftend	eine farbenprächtige Rose

Einige besonders bekannte Englische Rosen			
'Abraham Darby'	1985	aprikosenfarbig mit gelbem Grund und rosa Schimmer, gut duftend	ein gutes Beispiel, wie die Englischen Rosen die Farbpalette der Alten Rosen erweitern
'Eden Rose '85'	1985	weißlich bis zartrosa	von Meilland in Frankreich nach dem Konzept von David Austin
'Glamis Castle'	1992	weiß	eine der wenigen weißen unter den Englischen Rosen
'Graham Thomas'	1983	dunkelgelb bis bernsteinfarben	vielleicht die bisher berühmteste Englische Rose
'Prospero'	1982	dunkel karmesinrot	eine Liebhabersorte
'Wife of Bath'	1969	zartrosa, nach Myrrhe duftend	eine der ersten Englischen Rosen

Englische Rosen

In den letzten dreißig Jahren hat David Austin in England eine inzwischen stattliche Gruppe öfterblühender Strauchrosen entwickelt, die die Blütenform und den Charme der Alten Rosen mit dem Öfterblühen und dem breiteren Farbspektrum der modernen Rosen kombiniert. Die meisten davon sind auch gut duftend, wobei neben dem typischen „Alte Rosen-Duft" und dem „Teerosenduft" auch ein neuartiger Myrrhe-Duft vorherrscht. Austins Erfolg hat inzwischen andere Züchter veranlaßt, ähnliche Sorten zu züchten. Hier kann nur eine kleine Auswahl aus dem breiten Angebot an Englischen Rosen vorgestellt werden.

Kletterrosen und Rambler

Kletterrosen und Rambler sind eine verhältnismäßig junge Entwicklung. Bereits unter den Wildrosen gibt es kriechende oder kletternde Formen, z. B die heimische *R. arvensis*, die Feldrose, aus der die Ayrshire-Rosen hervorgegangen sind. Insbesondere aber *R. wichuraiana* und *R. multiflora* aus China, von denen die Mehrzahl der Rambler abstammt. Hinzu kommt, daß einige Rosen, insbesondere die Teehybriden, leicht kletternde Sports hervorbringen.

Kletterrosen und Rambler sind recht leicht zu unterscheiden. Kletterrosen haben vergleichsweise steife Triebe und große, oft einzeln stehende Blüten, Rambler dagegen sehr biegsame Triebe und meist kleinere, in Büscheln stehende Blüten. Kletterrosen brauchen ein Klettergerüst, an dem sie hochgebunden werden müssen, Rambler lassen sich leicht in Bäume ziehen, wo sie erstaunliche Höhen erklimmen. Kletterrosen müssen jedes Jahr zurückgeschnitten werden, Rambler können – und sollten sogar, sofern genügend Platz vorhanden ist – lange Zeit sich selbst überlassen werden. Kletterrosen sind bei uns weit verbreitet, Rambler noch sehr wenig; ich stelle deshalb hier eine breitere Auswahl vor, da sie sich vor allem für naturnahe Gärten gut verwenden lassen.

Einige beliebte Kletterrosen

'Alchymist' ('Alchemist')	1956	orange-gelb bis rötlich, duftend	robust, einmalblühend
'Aloha'	1949	kräftig rosa, dunkelrosa schattiert, innen lachsfarben schimmernd, gut duftend	mit allen Vorzügen der Elternsorte 'New Dawn'
'Climbing Paul Lédé'	1913	perlmuttrosa, gefüllt	remontierend
'Gloire de Dijon'	1853	Blütenfarbe variiert stark, Zartgelb/Rosa/Orange/Goldorange, angenehm duftend	berühmte kletternde Teerose
'Goldfassade'	1967	goldgelb, hervorragend duftend	außerordentlich reichblühend
'Goldstern'	1966	tief goldgelb, nicht verblassend	wertvolle gelbe Kletterrose
'Super Dorothy'	1986	leuchtend rosa	hervorragend als Kaskadenrose
'Super Excelsa'	1986	leuchtend rot	weitgehend resistent gegen Mehltau
'Sympathie'	1964	samtig dunkelrote, edelrosengleiche Blüten	neigt dazu, im unteren Bereich zu verkahlen

Einige beliebte Rambler

'Albéric Barbier'	1900	Knospen gelblich, weiß aufblühend	*R. wichuraiana*-Hybride
'Albertine'	1921	korallenrot	*R. wichuraiana*-Hybride
'Bobbie James'	1961	weiß	*R. wichuraiana*-Hybride
'Félicité et Perpétue'	1828	milchweiß	einmalblühend
'Gardenia'	1899	cremeweiß mit gelber Mitte	*R. wichuraiana*-Hybride
'Ghislaine de Féligonde'	1916	lachsrosa bis zartgelb	gut nachblühend
'Hiawatha'	1904	purpurkarminrot mit fast weißer Mitte	
'Janet B. Wood'	1989	weiß	Ayrshire-Hybride
'Kiftsgate'	1954	weiß, ungefüllt in großen Ständen	Form von *R. filipes*, erreicht 9 m Höhe und mehr
'Maria Lisa'	1925	leuchtend rosa mit weißem Auge	überreich blühend
'Minnehaha'	1905	reinrosa, im Verblühen fast weiß	*R. wichuraiana*-Hybride
'New Dawn'	1930	weißlich-rosa, in Büscheln	*R. wichuraiana*-Hybride
'Paul Noël'	1913	gelblich-rosa	*R. wichuraiana*-Hybride
'Polstjärnan'	1937	reinweiß	sehr winterhart
'Rose Marie Viaud'	1924	Sämling von 'Veilchenblau'	
'Veilchenblau'	1909	lavendelfarben bis purpurviolett mit kleinem weißem Auge	eine berühmte „blaue" Rose

Bodendeckerrosen

Ob der Begriff „Bodendecker" im Zusammenhang mit Rosen überhaupt gerechtfertigt ist, ist umstritten; viele Fachleute ziehen Bezeichnungen wie „flächendeckende" oder „flachwachsende" Rosen vor. Der Begriff hat sich jedoch durchgesetzt, und deshalb verwende ich ihn auch.

Rosen als Bodendecker zu verwenden, ist eine recht neue Entwicklung. Dadurch wird vor allem angestrebt, den Pflegeaufwand zu reduzieren. Das gilt vor allem für öffentliche Anlagen.

Niedrige, in die Breite wachsende Rosen gab es schon seit längerem, beispielsweise 'Dagmar Hastrup' (1914) und 'The Fairy' (1932). Die heutige breite Auswahl wurde aber erst in den letzten Jahrzehnten entwickelt. Bodendeckerrosen werden meist nicht veredelt, sondern „auf eigener Wurzel" (aus Stecklingen vermehrt) angeboten. Dadurch vermeidet man das Problem von stark- und höherwachsenden Ausläufern aus der durchtreibenden Unterlage („Wildlinge"). Die auf wurzelechter Unterlage entstehenden Ausläufer sind – weil sortenecht – sogar erwünscht, weil sie die Dichte der Pflanzung erhöhen.

Mein Haupteinwand gegen den Begriff „Bodendecker" besteht darin, daß diese Rosen durchaus auch sehr vorteilhaft für andere Zwecke im Garten verwendet werden können.

Einige beliebte Bodendeckerrosen

'Dagmar Hastrup' ('Frau Dagmar Hastrup')	1914	zartrosa	*R. rugosa*-Hybride
'Fiona'	1979	leuchtend blutrot	robust, für große Flächen
'Gelbe Dagmar Hastrup'	1987	kräftig gelb, zu lichtem Gelb verblassend, gut duftend	
'Heideröslein Nozomi'	1968	perlmuttrosa, leicht duftend	wildrosenartig
'Repens'		gelblich-weiß	*R. pimpinellifolia*-Sämling
'Sternenflor'	1989	weiß	*R. wichuraiana*-Hybride
'Swany'	1978	weiß	*R. sempervirens*-Hybride
'The Fairy'	1932	leuchtend hellrosa	erfolgreiche Wiederentdeckung

Zwergrosen

Auch die Zwergrosen sind recht jungen Datums. Als Beginn ihrer Geschichte wird gewöhnlich die Entdeckung von *R. rouletii* (syn. *R. chinensis* 'Minima', 'Rouletii') in der Schweiz 1918 angesehen, obwohl diese Rose dort als Topfpflanze schon lange Zeit verwendet worden sein muß. Ein Holländer schuf durch Kreuzung mit dieser Rose 1936 die Sorte 'Peon', die unter dem Namen 'Tom Thumb' („Däumling") in Amerika vertrieben wurde und dort ein großer Erfolg wurde. In Amerika wurde daraus – vor allem von Ralph Moore – eine sehr populäre neue Gruppe von Rosen entwickelt, deren Erfolg wohl demnächst auch uns erreichen wird. Eigentlich ist es unverständlich, daß diese kleinen Rosen im großen Amerika so erfolgreich sind, wo sie doch für unsere kleinen Gärten und Balkons so gut geeignet wären. Ob die Zurückhaltung bei uns etwas damit zu tun hat, daß die Zwergrosen am besten „auf eigener Wurzel" vermehrt werden müssen, was in unserem Klima weniger leicht möglich ist als im sonnigen Kalifornien?

Einige beliebte Zwergrosen
Alle geeignet für Balkon und Töpfe

'Alberich'	1954	leuchtend johannisbeerrot
'Eleanor'	1963	lachsrosa, hellrosa aufblühend
'Guletta'	1976	zitronengelb
'Orange Meillandina'	1980	leuchtend orangerot
'Popcorn'	1973	reinweiß

Die Zukunft der Rosen

Über die zukünftige Entwicklung der Rosen zu spekulieren, ist mir zu gewagt. Wer hätte sich vor hundert Jahren wohl ausmalen können, wie unsere heutigen Rosengärten aussehen würden? Ich bin aber überzeugt, daß es auf jeden Fall eine „rosige" Zukunft sein wird, denn keine andere Zierpflanze kann es mit der Rose (gibt es „die Rose" überhaupt?) an Vielseitigkeit aufnehmen. Und wenn ich an die Nachfrage meiner eigenen Kundschaft denke, sehe ich dieser Entwicklung gelassen und mit großer Zuversicht entgegen.

Pflanzung und Pflege

Die Wahl des Standorts

In unseren immer kleiner werdenden Gärten wird es auch schwieriger, den geeigneten Standort für Rosen zu finden. Die meisten Rosen sind Sonnenkinder und mögen eine freie luftige Fläche. Es darf ruhig windig sein oder zumindest sollte eine gute Luftzirkulation gegeben sein. Zu heiße Pflanzorte, z. B. an Süd-Wänden oder Mauern, sollten gemieden werden, auch wenn sie sich unbedingt eine Rose an der Terrasse wünschen. Ebenso sind stark reflektierende Wege mit Platten, Kies oder Asphalt keine guten unmittelbaren Nachbarn. Die reflektierende Hitze fördert, wie an den Wänden, den Befall durch Spinnmilben, die im Garten ohne Chemie nicht gebremst werden können. Bei Milbenbefall, vornehmlich Rote Spinne, verfärben sich die Blätter gelb und fallen oft schon im August ab.

Die besten Standorte sind im Rasen, im Beet oder – mit einer ausreichenden Pflanzscheibe – als Einzelpflanzung, aber auch am Gehölzrand oder zwischen niedrigen Gehölzen. Bei vielen Sorten wird angegeben „halbschattenverträglich" oder „toleriert Halbschatten", z. B. bei allen Alba-Formen oder den Bourbon-Rosen. Sie lieben sogar ein etwas gebrochenes Sonnenlicht. Einige Stunden Sonne sollte an solchen Plätzen aber schon sein. Keinesfalls darf unter Bäumen gepflanzt werden. Der Pflanzort sollte immer außerhalb der Kronentraufe liegen. Auch die vielen Sorten der Ramblerrosen, die gerne zum Erklimmen von Bäumen gepflanzt werden, haben es leichter mit ausreichendem Abstand vom Baumstamm. Wenn Sie ohne chemischen Pflanzenschutz auskommen möchten, sollten Sie besonders auf den Standort achten.

Bodenansprüche, Bodenvorbereitung

Als Gartenbesitzer sollten Sie ihren Boden kennen. Ist er lehmig, sandig oder sogar felsig. In allen Büchern steht, daß Rosen Lehmboden lie-

ben. Das ist richtig, aber sie wachsen genau so gut auf allen anderen Böden, wenn diese gut vorbereitet werden. In der Wetterau haben wir einen humosen sandigen Lehm, Lößlehm. Der pH-Wert liegt bei 6,5 bis 7 und ist also optimal. Aber auch hier muß der Boden durch tiefes Umgraben oder Pflügen gut vorbereitet werden. Zwei Spatenstiche tief sollte gelockert werden, wobei der Unterboden auch unten bleiben muß. Der wichtige Humus, der die Feuchtigkeit speichert, und die Bodenorganismen befinden sich nur in den oberen 20 bis 25 cm. Wenn diese obere Bodenschicht bei der Bearbeitung zu weit nach unten kommt, beginnt der Humus aus Luftmangel zu faulen und das Bodenleben stirbt ab. Wenn der Boden durch eine Planierraupe oder Verschlämmung verdichtet ist, muß besonders gut und tief gelockert werden.

Bei starker Nässe oder Staunässe sollte sogar eine Dränage gelegt werden. Diese Probleme kennen Gartenbesitzer mit Sandboden nicht. Aber dafür wird Sandboden leicht trocken, und es muß Humus in Form von Kompost oder Torf eingebracht werden. Eine Handvoll Bentonit ins Pflanzloch wirkt auch Wunder. Am schwersten ist ein Untergrund aus Faulfels zu bearbeiten. Es wird manchen Schweißtropfen kosten, den Boden tief genug aufzuhacken. Aber denken Sie immer daran, die Rose soll viele Jahre im Garten stehen, und daher sollten unbedingt große Pflanzgruben ausgehoben werden. Es zahlt sich aus, und die Pflanze wird es ihnen durch Gesundheit und reichere Blüte danken.

In der Regel sind in Gartenböden ausreichend Nährstoffe vorhanden. Sollten sie Zweifel haben können Sie eine Bodenuntersuchung machen lassen. Jedes Landwirtschaftsamt kann für Sie die wichtigsten Untersuchungen vornehmen und gibt Ihnen auf dieser Grundlage Empfehlungen für die Düngung. Aber Vorsicht! Dünger ist der Tod jeder frisch gepflanzte Rose. Selbst zu gut gemeint gekaufte Erde (Balkonerde) aus der Baumschule oder vom Gärtner kann den Rosen schaden, wenn zu viel davon ins Pflanzloch gegeben wird. Es gilt der Wahlspruch: Allzuviel ist ungesund!

Besondes gut muß ein Beet vorbereitet werden, auf dem schon viele Jahre Rosen standen. Der Boden ist „rosenmüde", wie man sagt. Schuld sind giftige Wurzelausscheidungen der Rosengewächse und Mikroorganismen wie Fadenwürmer (Nematoden). Bei Neupflanzung ist Kümmerwuchs zu erwarten. Der Boden sollte zwei Spatenstiche tief ausgetauscht werden. Das kann innerhalb des Gartens erfolgen. Vom Gemüsegarten oder der Blumenrabatte wird Boden ausgehoben und mit „rosenmüdem" Boden wieder aufgefüllt. Diese sehr aufwendige Arbeit ist aber unbedingt erforderlich.

Rosen kaufen

Bis die erste Rose im Garten blüht, ist es ein weiter Weg. Die Qual der Wahl unter den vielen tausend Sorten. Wie mache ich es richtig? Die richtige Rose am richtigen Platz. Das sicherste ist wohl, wenn Sie sich Rosen in Rosenschulen, Rosengärten oder Parks ansehen. Dort sieht man mehrjährige Pflanzen und kann sich dann leichter vorstellen, wie die Sorte später im Garten eingegliedert werden kann. Keine Fotografie kann in Bezug auf Wuchshöhe, Habitus und Blütenform den direkten Anblick ersetzen

Vor allem die Nase kann auch mitreden und ist oft ausschlaggebend für den Kauf. Was taugt eine noch so schöne Blüte, wenn sie keinen Duft hat.

Wenn Sie Glück haben, finden Sie gleich in der ersten oder zweiten Baumschule die richtigen Sorten, und es kann gleich bestellt werden. Etwas schwieriger wird es, wenn man im Rosarium eine passende Sorte gefunden hat. Nun

wird die Suche nach ihr oft eine Geduldsprobe. Hier sind dann Rosen-Spezialisten gefragt. Verschiedene Versand-Rosenschulen werden angeschrieben und Kataloge oder Preislisten angefordert.

Manch einer hat beim Pflanzenkauf nach Katalog auch schon schlechte Erfahrungen gemacht und hat daher Vorurteile. Beim Versand aus Spezial-Rosenschulen erhalten Sie aber in der Regel gute Pflanzen. Ist nun die Sorte gefunden, kann gleich bestellt werden. Bei Versand-Rosenschulen sollte die Bestellung so früh wie möglich, d. h. im August-September eingehen. Bei so früher Bestellung ist fast immer gewährleistet, daß die entsprechende Sorte auch geliefert werden kann. Nun beginnt die lange Zeit des Wartens bis die Rosen eintreffen.

Beim Rosenkauf beachten

- Pflanzen von A-Qualität kaufen.
- Sind die Pflanzen ohne Faul- oder Schimmelstellen?
- Ist das Holz glatt?

Qualitätsrosen

Eine wichtige Voraussetzung für das Gelingen des Rosenbeetes ist die Qualität der Rosen, auf die Sie besonders achten sollten. Der Bund deutscher Baumschulen (BdB) hat Qualitätsnormen herausgegeben, die die Mindestanforderungen an eine Rose aufzeigen.

Für die A-Qualität sind mindestens drei starke Triebe vorgeschrieben. Zwei dieser Triebe müssen direkt aus der Veredlung kommen, der dritte darf bis zu 5 cm darüber entspringen.

Für die B-Qualität, die jedoch selten im Handel angeboten wird, müssen zwei Triebe direkt aus der Veredlung entspringen. Auch sonst sollte die Pflanze einen guten Aufbau haben.

Alle schwächeren Pflanzen, die selbstverständlich auch anfallen, kommen gar nicht erst in den Handel, werden aussortiert und schon vom Erzeuger vernichtet.

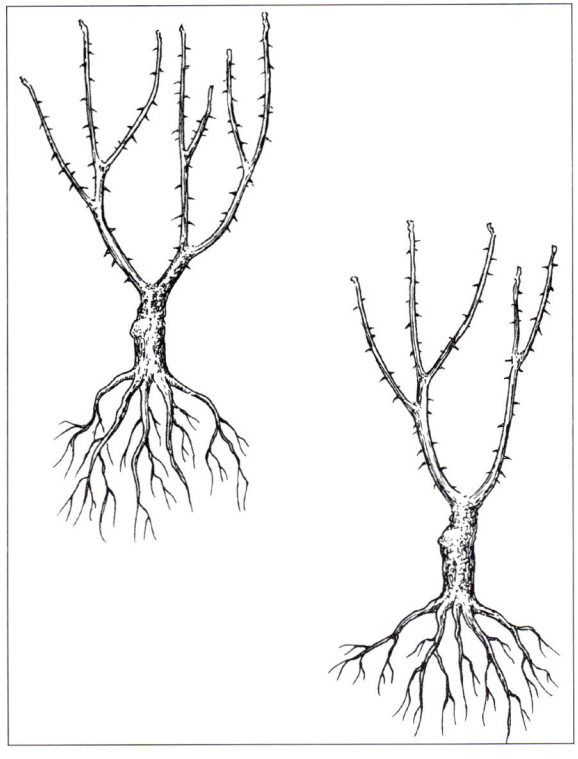

Links: Die A-Qualität, mit mindestens drei Trieben und einer guten Bewurzelung, ist die beste Voraussetzung für den Erfolg im Rosenbeet. Rechts: B-Qualität – nur im Notfall pflanzen.

Angebotsformen

In der Regel bekommen Sie in Baumschulen und Rosenschulen die Pflanzen wurzelnackt. Die Rosen kommen dann aus dem Einschlag oder einem Kühlhaus. In Gartencentern oder Gartenfachgeschäften werden oft verpackte Rosen angeboten. Hier sind die Wurzeln feucht verpackt und die Rose ist in Folie eingeschweißt, um Trockenschäden zu vermeiden. Unter der Voraussetzung, daß die Pflanzen nicht zu lange im Beutel sind, ist das eine gute Form, Rosen direkt für die Kunden bereitzuhalten.

Noch besser ist die pflanzfertige Rose. Die Pflanze wird vom Fachbetrieb wurzelballiert, d. h. die Wurzel wird mit einem Substrat in ein Netz oder einen Karton verpackt, das beim Pflanzen mitgepflanzt werden kann, weil es schnell verrottet. Gegen Austrocknen der Triebe ist das grüne Holz ganz oder teilweise mit einer dünnen Wachsschicht überzogen. Das Wachs löst sich schon bei den ersten warmen Sonnentagen im Mai auf oder wird von den jungen Trieben durchbrochen. Oft hat die Wurzel auch schon kleine Faserwurzeln gebildet und zeigt den neuen Austrieb. Mit dieser Methode kann ohne Schaden noch spät im Mai gepflanzt werden, da der Ballen sehr fest ist. Der Ballen sollte vor dem Pflanzen durchdringend durch Tauchen gewässert werden. Erscheinen keine Bläschen mehr, die Pflanze sofort aus dem Gefäß nehmen.

Achten Sie in jedem Fall darauf, daß das Holz der Rose glatt und grün ist, Pflanzen mit „Falten" sind durch Trockenheit geschrumpft und werden es beim Anwachsen schwerer haben. Auch Faulstellen sind leicht zu erkennen.

Immer mehr werden Rosen in Containern angeboten. Diese Rosen können durch ihre Blüte für sich selbst sprechen, da sie auch noch während der Blütezeit ausgewählt werden können und daher leichter zu verkaufen sind. Trotz des geringen Mehrpreises fährt ein glücklicher Rosenliebhaber nach Hause.

Die Pflanzzeit

Heute ist der 24. Dezember, Heiligabend. Die Post kommt und bringt mir ein Paket. Die Rosen aus England sind angekommen. Der Boden ist noch offen, also kann nach kurzem Wässern gleich gepflanzt werden. Und damit bin ich wohl nicht alleine, denn in den letzten 2 Wochen wurden noch etliche Aufträge mit Geschenksendungen für Kunden abgeschickt.

Der günstigste Zeitpunkt für die Rosenpflanzung ist aber etwa Mitte Oktober bis Ende November. In dieser Zeit werden auch heute noch die meisten Rosen gepflanzt. Um die Rosen braucht man sich nicht zu kümmern, denn die Winterfeuchte hilft ihnen, gut anzuwachsen. Auch wenn dies nicht zu sehen ist, bemerkt man doch im Frühjahr den zeitigen Austrieb. Die zweite Pflanzzeit ist im Frühjahr gleich nach dem Abtrocknen des Bodens, also etwa Anfang März bis Ende April. Sind Rosen aus

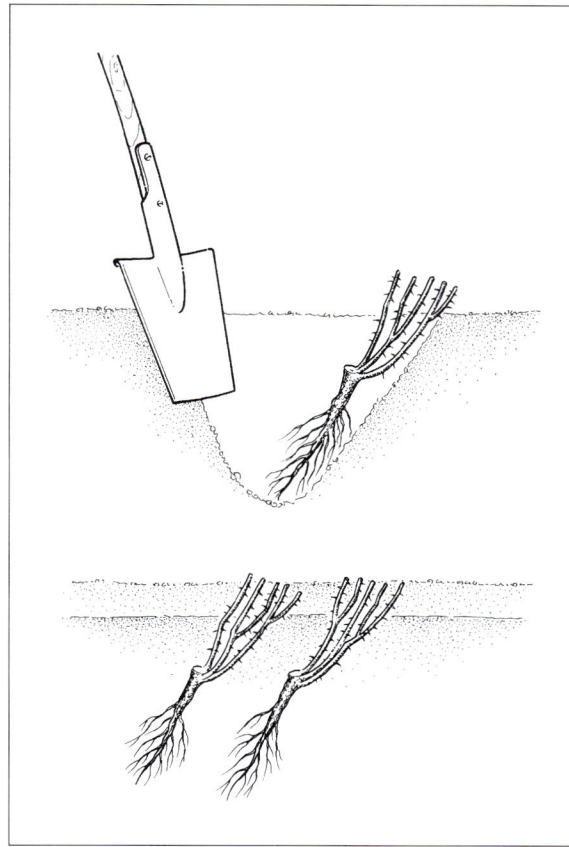

Der Einschlag ist die beste Aufbewahrungsart bis zum Pflanzen. Die flach eingelegten Einzelpflanzen werden bis auf wenige cm mit Erde bedeckt.

Pflanzvorbereitung

Wenn Sie die Rosen in einer nahegelegenen Baumschule kaufen, sollten Sie die Rosen erst kurz vor dem Pflanzen dort holen. Haben Sie Rosen bestellt, die von Versand-Rosenschulen geschickt werden, ist der Ankunfttag eher ungewiß. Ankommende Pflanzen sollten dann sofort ausgepackt werden und bei frostfreiem Wetter eingeschlagen oder gepflanzt werden. Beim Einschlagen graben Sie eine flache Furche, in die die Pflanzen dann schräg hineingelegt werden. Die Bunde sollten geöffnet und die Pflanzen auseinandergezogen werden. Hierüber wird Erde gedeckt, bis von den Pflanzen oben nur noch einige Zentimeter herausschauen. Wenn der Boden trocken ist, sollte angegossen werden, so daß die Rosen erstmal für einige Zeit gut versorgt sind.

Kommt eine Sendung bei Frost an, läßt man die Pflanzen im Karton in einem frostfreien, aber kaltem Raum langsam auftauen. Wenn die Pflanzen vom Versender gut feucht verpackt wurden, können sie sogar in der Verpackung 3 bis 4 Wochen ohne Schaden lagern. In dieser Zeit ist bestimmt der Boden einmal frostfrei, so daß Sie pflanzen oder wenigstens einschlagen können. Wenn Sie noch Rosen erwarten, können Sie am besten die Einschlagfläche direkt mit Laub oder einer Matte abdecken. Der Boden ist dann darunter noch lange frostfrei.

◢ Wässern vor dem Pflanzen

Die Rosen sollen vor dem Pflanzen gründlich gewässert werden, d. h. sie werden in einem Eimer oder einer Tonne ganz untergetaucht. 1 bis 2 Stunden reichen aus, höchstens aber einen Tag, nicht länger, da den Wurzeln sonst der Sauerstoff fehlt. Nun kann gepflanzt werden.

◢ Pflanzschnitt

Jede Rose wird vor dem Pflanzen geschnitten. Mit einer scharfen Rosenschere werden die Wurzeln eingekürzt, bis etwa eine Handspanne

dem Kühlhaus noch lieferbar, kann man auch noch bis Ende Mai pflanzen. In jedem Fall muß auch, besonders im Frühjahr, als Verdunstungsschutz gut angehäufelt werden.

Nun, in den letzten Jahren werden immer mehr Rosen in Containern angeboten. Für Containerrosen ist die Hauptpflanzzeit von Mai bis in den Sommer. Aber auch im übrigen Jahr werden heute schon viele Containerrosen verlangt. Vor allem Strauchrosen und Kletterrosen, die schon eine stattliche Größe haben, können gleich einen fertigen Rosengarten zaubern. Sicher ist es schöner, im warmen Mai oder Juni im Garten zu arbeiten. Das wichtigste aber ist: man sieht die Blüte und kann so später nicht enttäuscht werden.

(25 cm) von der Wurzelverzweigung. Was länger ist, wird abgeschnitten. Gebrochene oder beschädigte Wurzelteile werden ebenfalls abgeschnitten.

Von der Veredlung bleiben bei der Herbstpflanzung bis 30 cm stehen, längere Triebe werden eingekürzt. Bei der Frühjahrspflanzung wird gleich auf ca. 15 cm zurückgeschnitten. Ist die Pflanze zu stark, werden auch Triebe ganz herausgeschnitten. 10 und mehr Triebe sind bei einigen Kletterrosen keine Seltenheit. Wenn 5 Triebe stehen bleiben, reicht das völlig aus, und die Pflanze hat es leichter beim Anwachsen. Lassen Sie die verbleibenden Rosen nicht in der Sonne und im Wind liegen, sondern decken Sie sie mit einer Decke ab.

Das Pflanzen

Wenn die Pflanzfläche einige Wochen vorher gut vorbereitet wurde, reicht es aus, mit dem Spaten ein Pflanzloch von etwa 30 × 30 cm auszuheben. In dieses Loch wird die Pflanze so gehalten, daß die Veredlungstelle etwa 5 cm unter dem Bodenniveau ist. Die Wurzeln sollen ausreichend Platz haben und nicht nach oben gebogen oder krumm im Pflanzloch liegen. Wurzeln, die nach oben gebogen sind, werden später sicher viele Wildtriebe hervorbringen. Die umliegende Erde wird herbeigezogen und der Wurzelraum gut ausgefüllt. Die lockere Erde muß gut angedrückt bzw. angetreten werden. Anschließend wird noch einmal ausreichend gewässert. 5 Liter sind nicht zuviel. Nach dem Gießen die Erde nicht mehr andrücken, sie würde verdichten und der Wurzeln die Luft nehmen.

Nun fehlt noch der Winterschutz oder bei Frühjahrspflanzung der Verdunstungsschutz. Die umliegende Erde wird etwa 15 cm hoch zur Pflanze gezogen, so daß von der Rose nur noch wenige Zentimeter herausschauen. So versorgt kann die Rose in Ruhe anwachsen, und man kann sicher sein, daß weder Frost noch Sonne ihr etwas anhaben können.

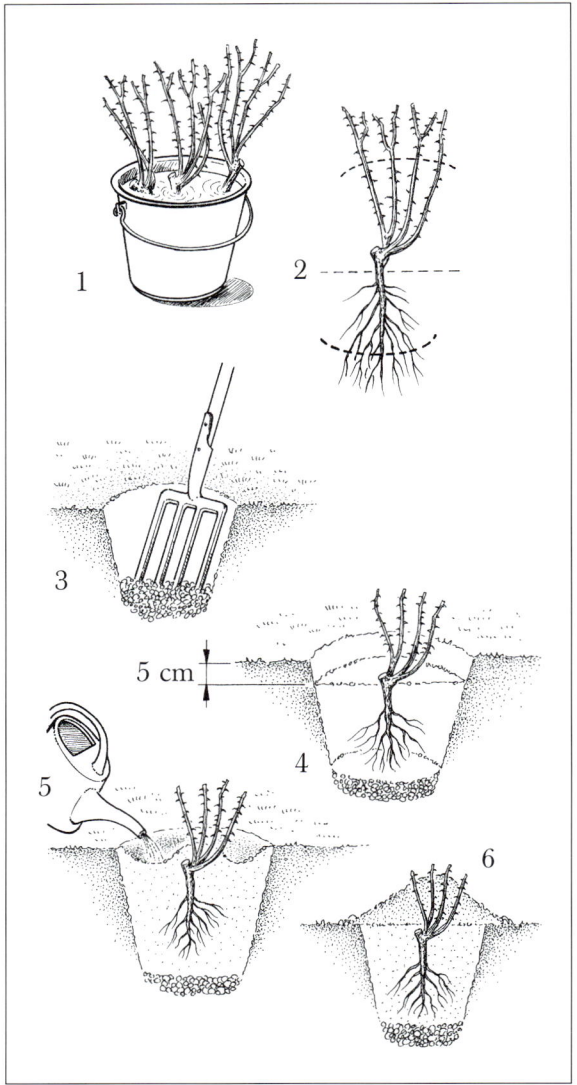

Pflanzen:
1. **einige Stunden Wässern**
2. **Rückschnitt der Rose**
3. **ausreichend große Pflanzlöcher graben**
4. **Pflanztiefe**
5. **Angießen**
6. **Anhäufeln**

Viele alte Rosen werden in Wiesen gepflanzt. Hier muß besonders auf die kleinen Nager geachtet werden. Mäuse lieben Rosen! Vor allem auf die Wurzeln haben sie es abgesehen. Den Schaden sieht man meist erst im Frühjahr, wenn kein Austrieb kommt oder der Busch vom Wind eine Schräglage erhält. Hier sollte in ein großes

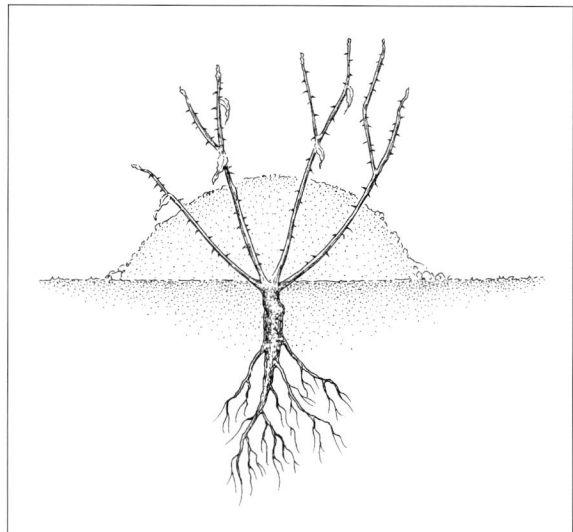

Anhäufeln im Herbst als Frostschutz, im Frühjahr als Verdunstungsschutz.

Pflanzloch von etwa 50 × 50 cm ein feinmaschiger Draht eingegraben werden. Der verzinkte Draht mit einer Maschenweite von ¹/₂″, wird in der Grube außen herumgestellt. Oben soll er etwa 5 cm aus dem Boden herausragen, damit die Mäuse im Winter bei Schnee nicht hineinkommen. Im Boden reicht ein halber Meter aus. Verschiedene Zwiebelgewächse sollen auch helfen. Kaiserkronen und Knoblauch sind aber keine sicheren Helfer. Meine Kaiserkronen wurden als Delikatesse verspeist.

◢ Das Pflanzen von Hochstammrosen

Es ist selbstverständlich, daß auch eine Hochstammrose im Pflanzloch ausreichend Platz braucht. Jedoch müssen Sie auf die Pflanzrichtung achten. Denn Hochstammrosen sollen im Winter zum Frostschutz umgelegt werden, da die Veredlung oben am Stamm ist. Der Stamm soll später über den Zapfen – das ist unten am Stamm die Schnittstelle, an der die anderen Wildtriebe abgeschnitten wurden – gebogen werden. In dieser Richtung sollten keine anderen Dauerpflanzen stehen. Beim Pflanzen wird gleich ein Pfahl mit eingeschlagen, der kräftig genug ist, später die schwere Krone zu halten.

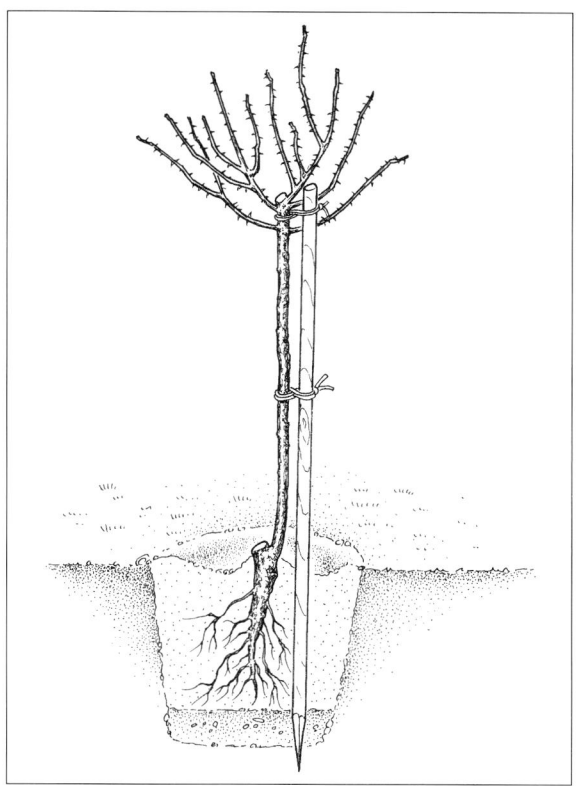

Der Rosenhochstamm wird in der Krone angebunden, um Windbruch zu vermeiden.

Er soll lang genug sein, damit Sie auch in der Krone noch anbinden können. Bei Herbstpflanzung zum Frostschutz und bei Frühjahrspflanzung als Verdunstungsschutz wird die Hochstammrose gleich beim Pflanzen umgelegt und mit Erde bedeckt. 4 bis 6 Wochen nach der Frühjahrspflanzung, bei trübem Wetter, werden die Kronen aus der Erde befreit. Im Herbst gepflanzte Hochstammrosen werden etwa Mitte März aufgerichtet. Der Stamm wird mit Sisal oder ähnlichen Bindemitteln in Achterform am Pfahl angebunden. So kann der Stamm nicht scheuern. Oben wird in der Krone gebunden, damit sie auch bei Wind und vom Gewicht bei Regen nicht abbrechen kann. Hochstammrosen und Kaskadenrosen können sehr alt werden und mit den Jahren sehr dicke Stämme bekommen. Aber selbst dann lassen sie sich noch umlegen. Eine kleine Hilfe zum Umlegen ist oft, in der

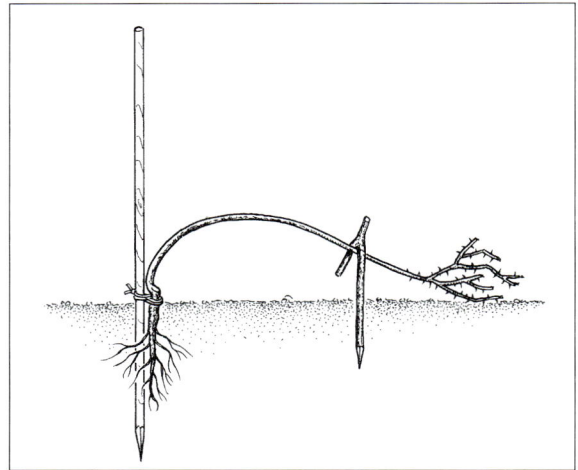

Zur Überwinterung wird der Hochstamm niedergelegt und die Krone mit Erde bedeckt.

Gegenrichtung mit dem Spaten zum Umlegen einige Wurzeln durchzustechen. Es schadet der Pflanze nicht. Es ist weniger die Arbeit als die Angst vor dem Umlegen, die viele verleitet, Tüten über die Kronen zu stülpen. In Gegenden mit mildem Klima oder Stadtklima ist das auch eine Möglichkeit. Die Tüten sollten jedoch Luftlöcher haben, damit die Temperatur und die Luftfeuchtigkeit nicht zu stark ansteigt.

▸ Das Pflanzen in Töpfe

Eine zeitige Frühjahrspflanzung ist am günstigsten. In das Pflanzgefäß bringen Sie eine gute Dränage aus alten Tonscherben oder Kies. Die Erde darf nicht gedüngt sein. Sie kann einen Depotdünger enthalten, wie es bei vielen Einheitserden im Handel der Fall ist. Die ersten Wochen sind die Töpfe im leichten Halbschatten aufzustellen, bis Sie sehen, daß die Pflanzen gut austreiben. Die Erde muß immer gut feucht sein. Leichter zu pflanzen sind Rosen aus Containern oder mit Topfballen, die oft bei wurzelechten Bodendeckerrosen oder Zwergrosen angeboten werden. Bei Rosen im Container befindet sich die Veredlungsstelle oft über der Erde, da die Töpfe meist nicht groß genug sind. Achten Sie beim Umpflanzen darauf, daß jetzt die Veredlungsstelle tief genug in den neuen Topf kommt. Hier kann man gleich in eine gedüngte

Erde pflanzen. Nach 1 bis 2 Jahren sollte umgetopft werden. Dabei ist etwas von der alten Erde zu entfernen und durch frische zu ersetzen.

Wässern

Rosen wurzeln sehr tief. Daher brauchen Sie nur selten zu wässern. In langen Hitzeperioden kann in den Morgenstunden durchdringend gewässert werden. Einmal gründlich wässern – d. h. der Boden kann die Feuchtigkeit tief aufnehmen – ist am günstigsten. Am besten ist das Beregnen über Nacht. Die Regner oder Sprühschläuche sollen dabei etwa 20 bis 30 l pro m^2 ausbringen. Die Beregnung sollte spätestens bei Sonnenaufgang abgeschlossen sein.

Nicht gewässert werden sollte zwischen 10 und 17 Uhr. In den frühen Morgenstunden sind die Temperaturunterschiede zwischen Wasser, Luft und Boden geringer. Es entsteht somit weniger Verdunstungskälte. Wassertropfen auf den Blättern können bei starker Sonneneinstrahlung wie Brenngläser wirken. Verbrennungen – und später sogar Löcher in den Blättern – sind unvermeidlich.

Große Vorteile bietet eine Tropfbewässerung mit einem Schlauch, der in regelmäßigen Abständen (30 cm) ein winziges Loch hat und Wassertropfen herausläßt, die sich gleichmäßig unter der Erdoberfläche verteilen. Besonders angebracht ist diese Bewässerungsform an Hängen, denn dann kann kein Boden abgeschwemmt werden. Die Tropfschläuche benötigen nur minimalen Wasserdruck und können sogar automatisch über Tensiometer gesteuert werden. Auf diese Weise wird eine gleichbleibende Bodenfeuchte gesichert.

An sehr trockenen Stellen – z. B. an Wänden oder Mauern – sollte öfter gegossen werden. Kletterrosen bekommen an solch trockenen Plätzen leicht Mehltau.

Rosen in Töpfen, Trögen und Kübeln sind selbstverständlich immer feucht zu halten. Bei ihnen kann im Hochsommer tägliches Gießen nötig sein.

Düngung der Rosen

Bei der Frühjahrsdüngung, die meist gleich nach dem Abhäufeln der Rosen Ende März vorgenommen wird, streuen Sie 100 bis 150 g/m^2 eines Rosendüngers mit organischem Anteil. Dazu gebe ich noch 50 bis 100 g Algomin. Algomin enthält wichtiges Magnesium und Schwefel, dazu noch viele Spurenelemente. Der Dünger wird im Zuge der Bodenlockerung leicht in den Boden eingearbeitet, am besten mit einer zweizinkigen Rosengabel.

Bei der Sommerdüngung, etwa im Juni, sollte nicht mehr so viel Dünger gegeben werden, 50 g sind dann ausreichend. Eventuell kann ganz darauf verzichtet werden, denn zuviel Stickstoff macht die Triebe weich und anfällig für alle Pilzkrankheiten. Zudem kommen die Rosen im Herbst noch einmal stark in Trieb und können nicht ausreifen. Frostschäden wären die Folge.

Im Herbst kann ein Kalidünger den Pflanzen helfen, besser auszureifen und das Holz zu festigen. In guten Gartenböden reichen diese Düngergaben aus. Sollte es Mangelerscheinungen geben, lassen Sie den Boden untersuchen, und geben den Düngeempfehlungen gemäß entsprechende spezielle Dünger.

Frisch gepflanzte Rosen erhalten den ersten Dünger, wenn sie Knospen haben. Aber auch hier sollten Sie sparsam sein und etwa 50 g Rosendünger pro m^2 nicht überschreiten.

Die wichtigsten Mangelerscheinungen

- Stickstoff-Mangel: hellgrüne Blattfarbe, schwaches Wachstum.

- Phosphor-Mangel: schwaches Wachstum.

- Kali-Mangel: Blattränder und Blattspitzen sterben ab, Blütenstiele färben sich dunkel und sterben ab.

- Magnesium-Mangel: helle bis gelbe Blätter, die Blattrippen sind zu sehen, Blütenfarbe ist aufgehellt.

Der Pflanzenschnitt

Das Schneiden der Rosen hat schon so manche Diskussion über den Gartenzaun entfacht. Das betrifft den Schnittzeitpunkt genauso wie die Methode. Das wichtigste dabei ist, daß überhaupt geschnitten wird. Kleine Abweichungen in den Methoden nimmt die Rose nicht so übel. Aber sie kann sich durch den Schnitt verjüngen und neue Triebe aus der Basis treiben. Außerdem ist Rose nicht gleich Rose. Die verschiedenen Gruppen wollen möglichst auch verschieden geschnitten werden. In einem Park habe ich gesehen, daß der Gärtner die Damaszenerrosen mit der Heckenschere zu runden Kugeln geschnitten hatte. Die Blüherfolge waren so beeindruckend, daß ich es auch probieren werde. Die wichtigsten Regeln sollte man kennen. Je stärker geschnitten wird, um so kräftiger ist der neue Austrieb, da die verbliebenen Augen jetzt alle Kraft zum Wachsen zur Verfügung haben. Alte Triebe oder störende Triebe werden herausgeschnitten. Totes Holz ist zu entfernen. Der Schnitt erfolgt immer einen halben Zentimeter über einem gut entwickelten Auge und selbst-

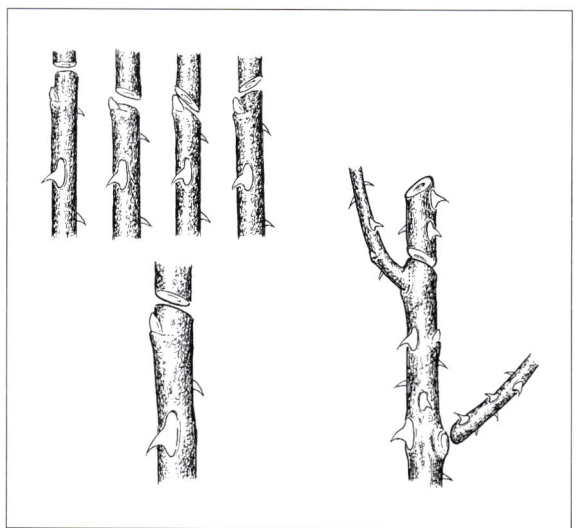

Einen halben Zentimeter über einem gut entwickelten Auge wird leicht schräg geschnitten. So werden absterbende Aststummel, die von Pilzen befallen werden können, vermieden.

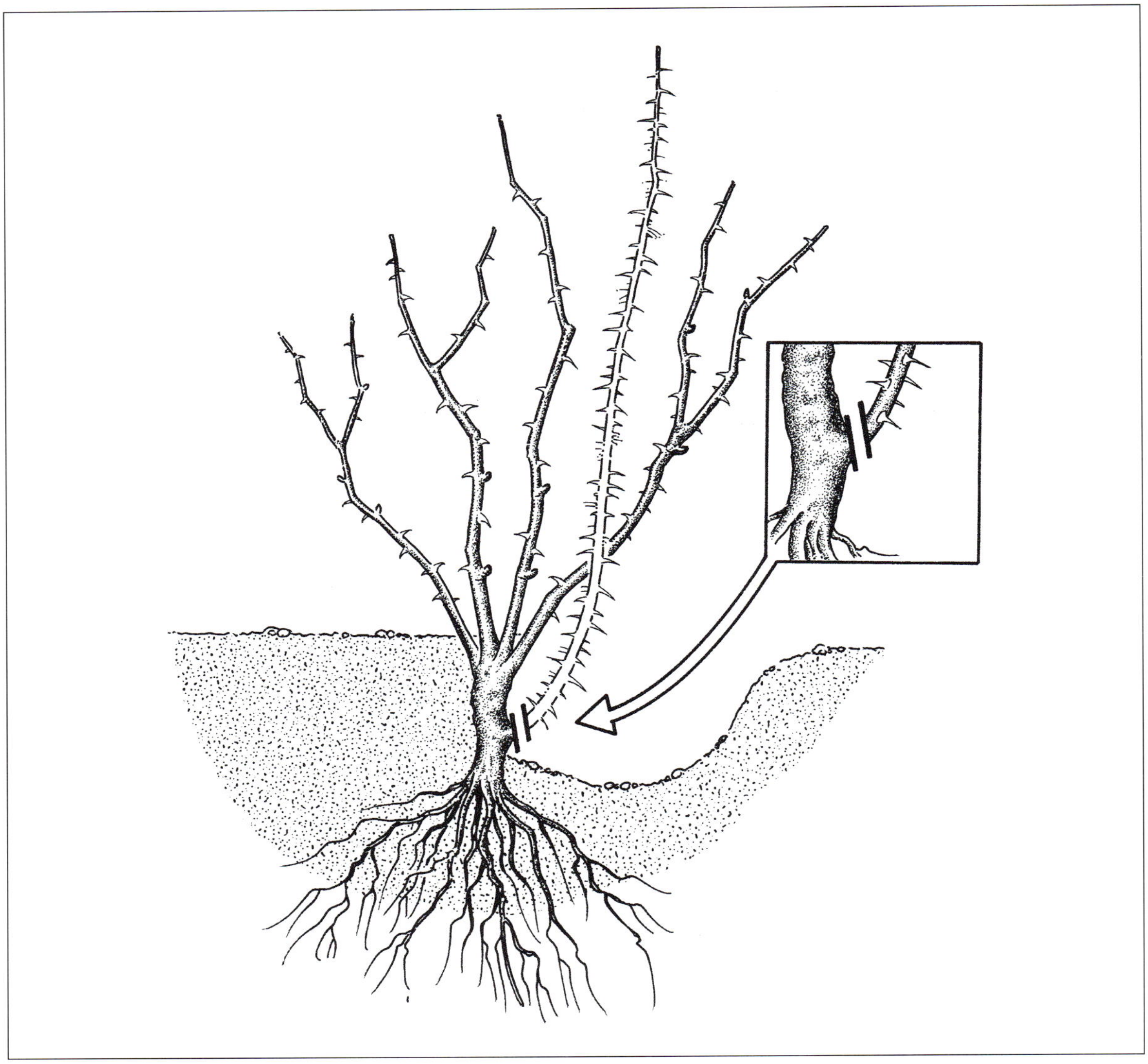

Entfernen von Wildtrieben bei Beetrosen.

verständlich ist eine gute, scharfe Schere zu verwenden, damit es keine Quetschungen gibt.
Der richtige Zeitpunkt für den Frühjahrsschnitt ist in der Regel, wenn die Forsythien blühen. Das kann in höheren Lagen 2 oder 3 Wochen später sein als in Tallagen. Zu früh geschnittene Rosen können bei Spätfrösten ihre schon ausgetriebenen jungen Triebe verlieren, und Sie müssen noch einmal nachschneiden. Bis dann wieder neue Augen zu treiben beginnen, dauert es einige Wochen.

 Schnitt der Edelrosen und Floribunda-Rosen

Nachdem im Herbst alle Pflanzen im Beet auf eine gleichmäßige Höhe von etwa 50 cm geschnitten wurden, um leichter anhäufeln zu können, werden im Frühjahr die Rosen gut zurückgeschnitten. Zuerst entfernen Sie alles abgestorbene, erfrorene Holz sowie schwache Triebe, die zu dicht stehen und sich gegenseitig reiben. Die Haupttriebe werden auf 3 bis 5 Augen zurückgeschnitten. Das letzte Auge sollte

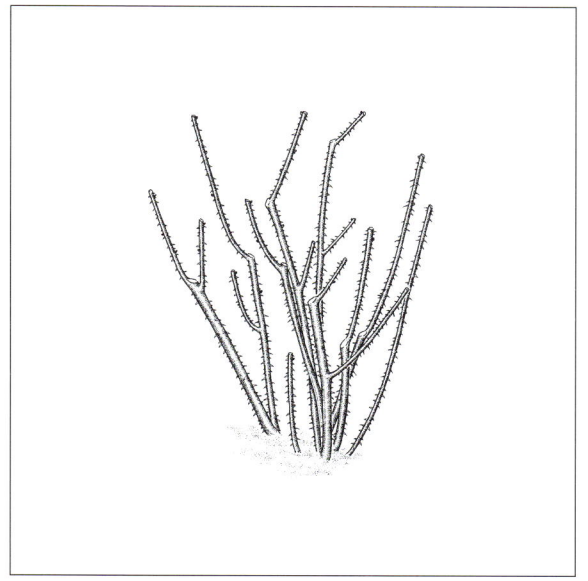

Öfterblühende Strauchrose nach dem Rückschnitt im Frühjahr.

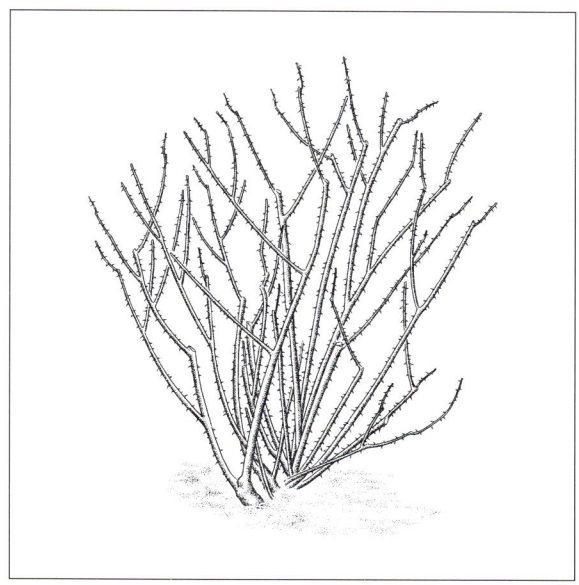

Einmalblühende Strauchrose nach dem Herausschneiden der kranken und dürren Triebe und Äste

nach außen stehen. Bei schwächer wachsenden Sorten sind das etwa 10 cm, bei starkwachsenden 30 bis 40 cm. Besonders bei den Floribunda-Rosen soll das Beet schon nach dem Schneiden einheitlich in der Höhe sein, damit auch später die Blüte regelmäßig ist.

Öfterblühende Strauchrosen

Die modernen Sorten sind so zu schneiden wie die modernen Edelrosen. Altes und abgestorbenes Holz wird völlig entfernt, und überalterte Triebe werden ganz tief ausgeschnitten. Die Haupttriebe werden eingekürzt, bei älteren Pflanzen kann das bis 1,5 m sein. Schwache Seitentriebe werden ebenfalls eingekürzt oder ganz abgeschnitten. Durch den Schnitt erreichen Sie einen vollen, gesunden Busch. Ohne Schnitt kahlen die Pflanzen auf, da sie nur an den oberen Trieben weiterwachsen wollen.

Die älteren Sorten, wozu die öfterblühenden Damaszenerrosen, Portland-Rosen, Bourbon-Rosen, Remontant-Rosen und Moschata-Hybriden gehören, sollen im Frühjahr etwa um $1/3$

zurückgeschnitten werden. Schwächere Triebe können auch um $2/3$ zurückgeschnitten und der Busch sollte ausgelichtet werden. So erreichen Sie, daß die Büsche nicht so struppig aussehen und schön in der Form sind. In großen Gärten können sie auch frei, ohne jährlichen Schnitt, wachsen. In jedem Fall sollten bei allen öfterblühenden Strauchrosen im Sommer die verblühten Dolden herausgeschnitten werden, um die Rose zur Nachblüte anzuregen.

Die Strauchrosen der Gruppe *R. rugosa* sind besser nur leicht zu schneiden, um sie als Strauch oder Hecke in Form zu halten. Wenn sie zu groß geworden sind, vertragen sie auch einen sehr starken Rückschnitt. Bei Sorten, die Hagebutten bilden, wird selbstverständlich nichts Verblühtes ausgeschnitten.

Einmalblühende Strauchrosen

Man läßt sie sich frei entfalten und schneidet nur im Frühjahr, um die Pflanzen in Form zu halten, oder wenn sie zu groß geworden sind. Sie sollten jedoch immer auf abgestorbenes Holz ach-

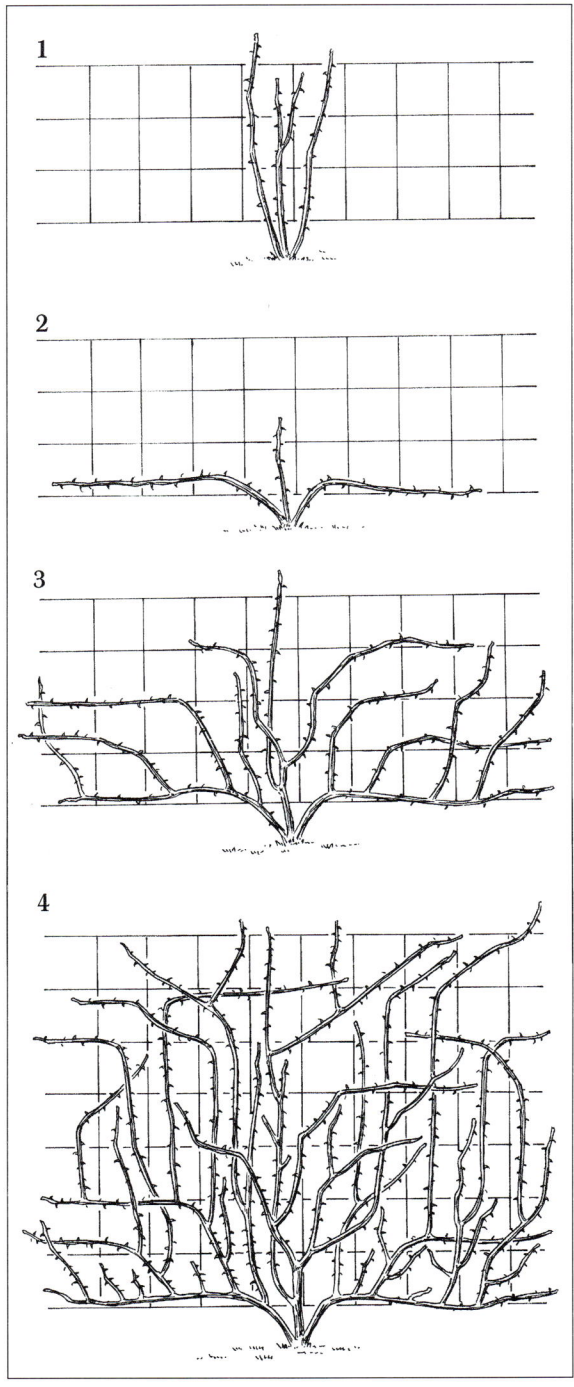

1. Junge Triebe im ersten Standjahr.
2. Die Triebe werden im zweiten Staudenjahr breit gezogen.
3. Seitentriebe flächenfüllend binden, schwaches Holz ausschneiden.
4. Die Pflanze entwickelt sich flächendeckend.

ten und es entfernen. Auch zu dichte Pflanzen können ausgelichtet werden. Da die Pflanzen am alten Holz blühen, sollten sie nach der Blüte leicht geschnitten werden, wenn sie zu groß sind. Erforderliche starke Rückschnitte sind jedoch in der Ruhezeit im zeitigen Frühjahr vorzunehmen. In demselben Jahr können Sie dann aber mit keiner oder nur geringer Blüte rechnen. Daher sollten in einem großen Rosengarten, wenn erforderlich, immer nur einzelne Büsche stark geschnitten werden, um das Gesamtbild nicht zu zerstören und noch ausreichend Blüte zu haben. Auch die verblühten Blumen sind vor allem bei den ungefüllten Sorten nicht auszuschneiden, denn die Hagebutten zieren den Strauch den ganzen Herbst und ernähren viele Vögel im Winter.

Kletterrosen

Die öfterblühenden unter den Kletterrosen werden leicht fächerförmig an einem Gerüst oder an Drähten angebunden, damit sie viel Seitenholz bilden, auf denen die Blüten stehen. Gleichzeitig wachsen die Jungtriebe recht stark aus der Basis oder aus starken Haupttrieben. Diese Jungtriebe müssen später die älteren Blütentriebe ersetzen. Geschnitten werden alle vergreisten Blütentriebe, die ausgedient haben. Frostschäden und abgestorbenes Holz werden ebenfalls entfernt. Seitentriebe werden bis auf wenige Augen eingekürzt, zu starke Verästelungen werden ganz herausgeschnitten.

Anders ist es bei den einmalblühenden Kletterrosen, den Ramblern. Sie blühen am zweijährigen Holz. Sie können sich frei entfalten und müssen nicht geschnitten werden. Die Triebe werden in alle Richtungen gezogen und bedecken bald eine Wand oder überwuchern Ihr Gartenhaus. Sollte ein Rückschnitt erforderlich werden, so sollte er unmittelbar nach der Blüte vorgenommen werden. Sehr starke Rückschnitte sind lieber im Frühjahr vorzunehmen. Aber auch solche Torturen überstehen sie schadlos, und schon bald haben sie sich wieder erneuert. Altes, abgestorbenes Holz wird auch hier, wenn möglich, herausgeschnitten. Viele der Rambler tragen im Herbst Hagebutten, daher werden die verblühten Dolden im Sommer nicht ausgeschnitten.

 Bodendeckerrosen

Bei den Bodendeckern gibt es verschiedene Gruppen. Einige Sorten sind den Polyantha- und Floribunda-Rosen zuzuordnen und werden auch genauso geschnitten. Andere sind ganz flach aufliegend, sie gehören zu *Rosa wichuraiana* und brauchen nicht geschnitten zu werden. Die dritte Gruppe sind die niedrigen Strauchrosen, die vor allem für größere Flächen verwendet werden. Es sind meist Hybriden von *Rosa moschata* und *Rosa rugosa*. Sie brauchen nicht geschnitten zu werden. Sollten sie zu groß werden, vertragen sie aber einen starken Rückschnitt nach 2 bis 4 Jahren.

 Hochstammrosen

Auf Hochstämmen sind meist Edelrosen oder Floribunda-Rosen veredelt. Auch die stärkerwachsenden Remontant-Rosen, Bourbon-Rosen und Portland-Rosen werden für Liebhaber alter Rosen auf Stämme veredelt. Bei allen sollen die Kronen möglichst rund werden. Daher ist auch schon beim Schnitt darauf zu achten, daß Seitenäste lang genug sind und stehen bleiben. Sonst ist der Schnitt gleich wie bei den niedrig veredelten Edelrosen. Auch Zwergrosen, die auf niedrigeren Stämmen veredelt sind, werden auf diese Art geschnitten.

 Kaskadenrosen

Gerade bei den Kaskadenrosen (Trauerrosen) gibt es große Unterschiede. Auf hohen Stämmen veredelte einmalblühende Sorten hängen sehr schön mit langen Trieben bis auf den Boden. Es sind *R. wichuraiana*- oder *R. multiflora*-Hybriden. Es muß nicht viel geschnitten werden. Im Frühjahr genügt eine kleine Korrektur, wenn die Pflanze zu dicht wird, und im Sommer ist ein leichter Formschnitt nach der Blüte ausreichend.

Anders bei den modernen Sorten, die öfterblühend sein sollen. Wenn hier nicht nachge-

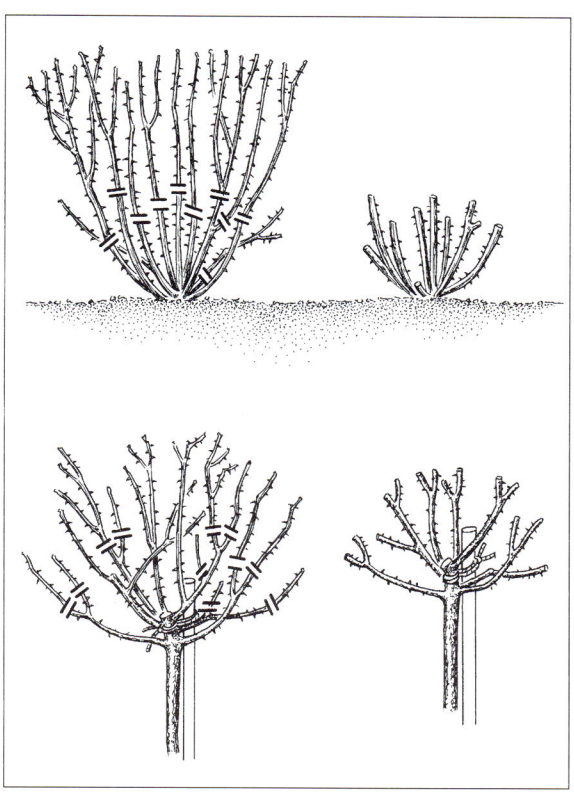

Abgestorbenes und erfrorenes Holz wird ausgeschnitten und junge Triebe auf drei Augen zurückgeschnitten (ca. 20 cm).
Hochstammrosen werden ebenso geschnitten. Dabei ist auf die gleichmäßige Astverteilung der Krone zu achten

holfen wird, sehen sie eher wie Besen aus. Mit einer Kaskadenrosenstütze kann Abhilfe geschaffen werden. Schon die noch weichen Triebe werden in die richtige Position gebunden, so daß sie später nach unten hängen. So schön in der Form wie einmalblühende Kaskadenrosen werden sie jedoch nie.

 Das Ausschneiden der verblühten Blumen

Bei Edelrosen und Floribunda-Rosen sollte die abgeblühte Blume oder Dolde abgeschnitten werden. Die Pflanze wächst dann schneller durch und läßt auf eine baldige Nachblüte hoffen. Schneiden Sie bis zum ersten voll entwickelten Blatt zurück, denn erst da sind gute Augen

93

Entfernen der verblühten Polyantha- und Flori-bundarosen – immer über dem ersten Blatt unter der Verzweigung der Dolde.

im Blattwinkel, die einen kräftigen Trieb hervorbringen. Das Schneiden ist leichter mit einer Blumenschere, auch Präsentierschere genannt. Die Schere hält das Abgeschnittene fest, so daß Sie die linke Hand frei haben für einen Eimer oder Korb.

Bei historischen Rosen werden die Blüten nur bei den ganz gefüllten Sorten abgeschnitten oder bei Sorten, deren Blüten mumifizieren. Ungefüllte Sorten und Wildrosen tragen Hagebutten, die in Rot, Orange oder Schwarz noch lange den Strauch zieren.

Herbstschnitt

Im Herbst brauchen nur die Edelrosen und Floribunda-Rosen in einer gleichmäßigen Höhe von etwa 50 bis 60 cm zurückgeschnitten zu werden. Das ist erforderlich, um die Pflanzen leichter anhäufeln zu können. Zuvor sollten aber alle kranken Blätter von den Rosen abgesammelt und auch der Boden gründlich von ihnen gesäubert werden. Es sollen ja nicht unbedingt Pilze zur neuen Infektion mit ins nächste Jahr genommen werden. Die abgelesenen Blätter sollten nicht im Garten bleiben; mit dem Kompost könnten Krankheiten im Garten ausgebreitet werden.

Gesunde Rosen

Wer hat noch keinen Schnupfen gehabt oder eine Grippe? Durch richtige Ernährung und angemessenes Verhalten kann man vorbeugen. Man braucht Medikamente gegen Krankheiten und wird wieder gesund; bei dem einem geht es schneller, bei dem anderen dauert es länger.

So ist es auch bei Rosen. Oft sind gerade die schönsten, die man liebgewonnen hat, besonders pflegebedürftig. Aber sind Rosen deswegen gleich pflegeaufwendig? In diesem Ruf stehen sie leider. Dabei ist oft nur die falsche Sorte gepflanzt worden. Ein besserer Standort – und eine Sorte verhält sich ganz anders. Grundsätzlich kann man sagen: Rosen sind nicht empfindlicher als andere Pflanzen; nur wird bei Phlox, Rittersporn oder Obstbäumen weniger von Mehltau gesprochen.

In der Regel sind die stärkerwachsenden Sorten robuster und verkraften einen Befall durch Pilzkrankheiten besser. Zudem sind die starkwachsenden Sorten fast alle Früh- oder Sommerblüher. Sie sind schon abgeblüht, bevor eine Krankheit erscheint und daher wird sie oft gar nicht bemerkt. Ich kenne Gartenbesitzer, die nur mit natürlichen Mitteln düngen und gießen und wunderschöne Rosengärten haben. In solchen Gärten stehen meist die alten Strauchrosen und Wildrosen oder als robust bekannte neue Rosen.

Die schlimmsten Rosenkrankheiten sind der Rost und der Sternrußtau; sie können einer Pflanze ganz schön zusetzen. Im schlimmsten Fall kann die Pflanze sogar absterben. Aber bei fachgerechter Pflanzung und Pflege muß es gar nicht so weit kommen. Dabei handelt es sich eigentlich gar nicht um besonders große Aufwendungen, denn gepflanzt werden muß die Rose ja sowieso, und da kann man es auch gleich richtig machen. Und die Pflege besteht mehr oder weniger in der richtigen Düngung. Mehr hilft nicht immer mehr! Es sollte schon die richtige Dosierung sein. Vor allem bei den Spritzungen sind die angegebenen Mengen peinlich genau einzuhalten. Hier kann man mehr verderben als nutzen. Den Boden lockern und evtl. wässern, das verlangen die anderen Pflanzen im

Garten auch. Wer jetzt noch Ausreden hat, kann nur noch auf die Stacheln anspielen ...

Tierische Schädlinge

Blattläuse

Diese sich langsam bewegenden Sauginsekten gehören zu den häufigsten Schadinsekten bei Rosen. Sie sind weichhäutig und meist grün, aber auch dunkel gefärbt. Durch ihr Saugen schwächen sie die Rose und verursachen Kümmerwuchs, Krümmungen und Mißbildungen, da sie meist an weichen, neuen Triebspitzen oder an Knospenstielen sitzen. Gerade bei warmem, schwülem Wetter vermehren sie sich explosionsartig. Kälte und Regenwetter schaden ihnen, manchmal verschwinden sie dann ganz. Die Blattläuse sondern einen süßen Honigtau ab, der die darunter liegenden Blätter mit einer klebrigen Schicht überzieht, auf der Pilzsporen kleben bleiben, so daß die Pflanze leicht infiziert wird. Die natürlichen Feinde der Blattläuse sind vor allem die kleinen Marienkäfer und die Schwebfliegen. Auch Vögel sammeln eifrig Blattläuse ab. Meist werden sie aber nicht Herr über die großen Mengen, und es muß gespritzt werden. Dabei sollten einfache Mittel wie Seifenlauge, frische Brennesselbrühe oder Pyrethrum-Präparate ausreichen.

Rosenzikaden

Weißfleckige, oft mosaikartige helle bis weiße Stellen entstehen durch die Saugtätigkeit der Rosenzikade entlang der Blattrippen. Sie sitzen auf der Unterseite älterer Blätter. In heißen Sommern sollten Sie auf dieses kleine, gelblich-weiße Insekt vor allem bei Kletterrosen an warmen Wänden achten. Beim Klopfen an den Pflanzen fliegen oder springen oft ganze Schwärme dieser etwa 3 mm großen Tiere davon. Sind nur wenige da, schaffen es ihre natürlichen Feinde, die Vögel, sie im Zaum zu halten. Bei großen Beständen muß gespritzt werden. Nützlingsschonende Insektizide sollten den Vorzug haben.

Schadbilder an Rosen	Schädling oder Krankheit
Wurzeln	
Angefressen, Absterben der Pflanze	Engerlinge, Mäuse, Dickmaulrüßler
Blätter, Triebe	
Klebriger, glänzender Belag, Rußtau, junge Triebe verformen sich, Läuse	Blattlaus
Nacktschnecken-ähnliche Larven fressen an der Blattunterseite, Skelettierfraß	Larve der Rosenblattwespe
Blätter verfärben sich, fallen vorzeitig ab	Gemeine Spinnmilbe
Feine, weiße Flecken auf der Blattoberseite, Triebe verkrüppeln	Rosenzikade
Schaum an den Trieben	Schaumzikade
Blattoberseite silbrig gesprenkelt	Thrips
Weißer Belag	Echter Mehltau
Vor allem blattunterseits weißer Belag	Falscher Mehltau
An Blattunterseite gelbe, später dunkle Sporenhäufchen, Blätter vergilben und fallen ab	Rosenrost
Auf der Blattoberseite kreisrunde, am Rande strahlenförmig auslaufende, braunschwarze Flecken	Sternrußtau
Knospen, Blüten	
Knospen welken	Blattlaus
Knospen verkrüppeln	Rosenzikade, Thrips
Unregelmäßig angefressene Blütenblätter, besonders im Spätsommer und Herbst	Schnaken
Sich öffnende Knospen, Blätter und Triebe verdorren	Grauschimmel
Weißer Belag	Echter Mehltau

Schaumzikade

Die Larve der Schaumzikade sitzt in den Blattachseln und schäumt sich ein („Kuckuckspeichel"). Durch ihre Saugtätigkeit kann es zu Krüppelwuchs kommen. Sie kommt an Rosen meist nur vor, wenn solche Stauden in der Nähe sind, auf denen sie eigentlich lieber sitzt. Eine Bekämpfung ist daher nicht nötig. Schon ein scharfer Wasserstrahl hilft meist das Insekt wegzuwaschen.

Rote Spinne

Die Rote Spinne ist mit dem Auge kaum zu erkennen. Sie lebt auf der Unterseite der Blätter und saugt Saft aus den Zellen. Meist bemerkt man sie erst an dem feinen Gespinst oder wenn die Blätter gelb werden. Als Folge davon fallen die Blätter ab. Sie befällt oft Sorten mit derben, ledrigen Blättern, die nur selten Pilzkrankheiten haben. Aber auch kleinblättrige Rosen werden stark befallen. Vor allem an heißen Wänden bei Kletterrosen oder an Fußwegen und Terrassen mit starker Rückstrahlung fühlen sie sich wohl. Sie ist nur schwer zu bekämpfen. Am sichersten ist es, an solch heißen Plätzen gar keine Rosen zu pflanzen. Es gibt keine sicher wirkenden Spritzmittel in Kleinpackungen. Mäßige Erfolge erzielt man mit Spruzit.

Blattrollwespe

Wenn sich Rosenblätter wie Zigarren rollen, ist das ein sicheres Zeichen, daß die Blattrollwespe

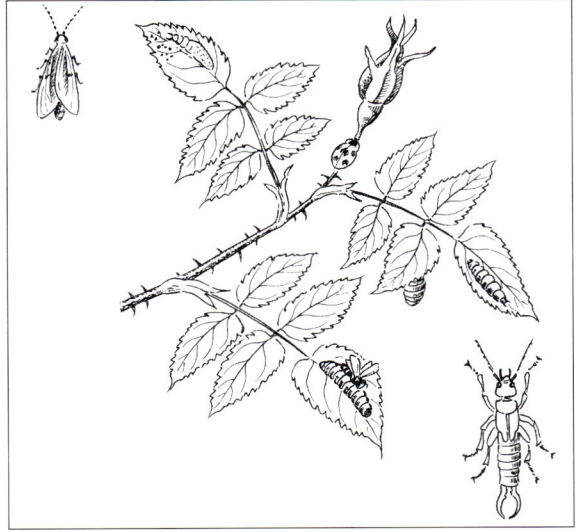

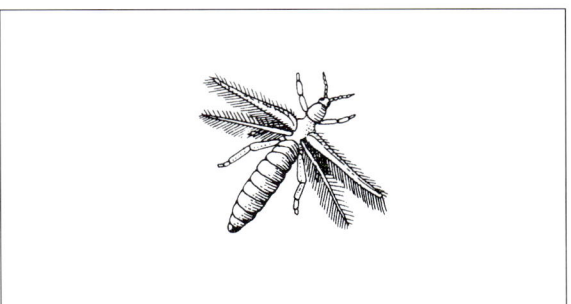

Thrips (Blasenfuß).

ihr Unwesen treibt. Die in den gerollten Blättern enthaltenen Larven schlüpfen aus Eiern, die die sehr kleine, nur 4 mm große Wespe an den Blattrand gelegt hat. Nicht in jedem zusammengerollten Blatt ist eine Larve. Da die Larven sich im Boden verpuppen, sollten die befallenen Blätter entfernt und vernichtet werden, sonst kann der Befall im folgenden Jahr noch stärker werden. Die Blattrollwespe bevorzugt einige Rosensorten, andere läßt sie fast in Ruhe, obwohl sie direkt daneben stehen. Auch ist der Befall an Standorten mit Halbschatten stärker als an Sonnenplätzen.

◢ Andere Wespenarten

Eine andere Wespenart, die aber vor allem nur an Wildrosen zu finden ist, ist die Spirallocken-Rosenblattwespe. Sie nagt aus Fiederblättern Streifen heraus, die sich spiralförmig wie eine Tüte aufrollen.

Die Rosengallwespe verursacht meist grüne oder grünlichrote Gallen. In diesen moosartigen Gebilden sind viele Kammern mit Larven, die sich darin auch verpuppen.

◢ Thripse

Der Thrips, auch Blasenfuß genannt, verursacht silbrige, meist dunkel umrandete Flecken auf Blütenblättern und Blättern. Wenn Knospen sich schlecht öffnen oder wenn die Kuppe der Knospe fehlt, waren schon im frühen Stadium Thripse am Werk.

Thripse sind mehr an modernen Edelrosen zu finden als an alten Rosen. Massenvermehrun-

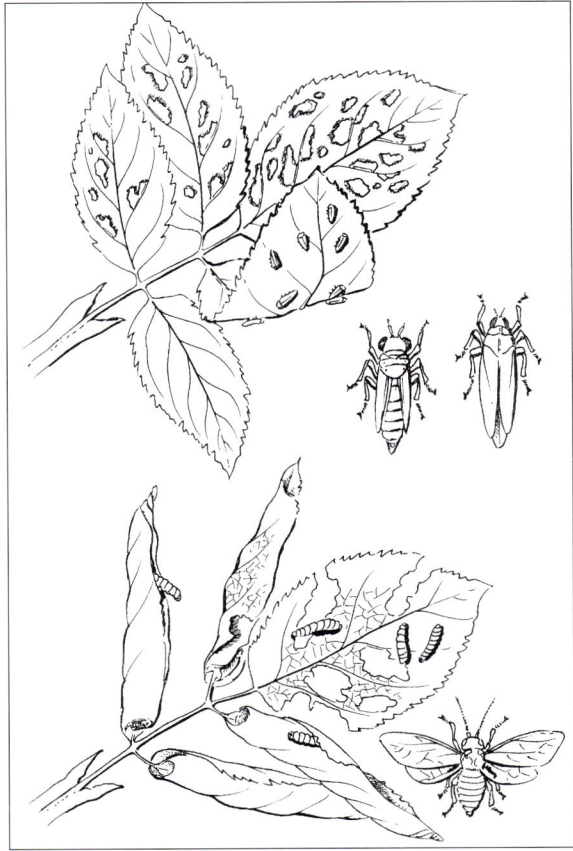

Läusefresser: Florfliege mit Larve (oben links), Marienkäfer mit Larve und Puppe (oben rechts), Raupenfliege bei der Eiablage, Ohrwurm (unten).

Rosenzikade (oben), Blattwespe (unten).

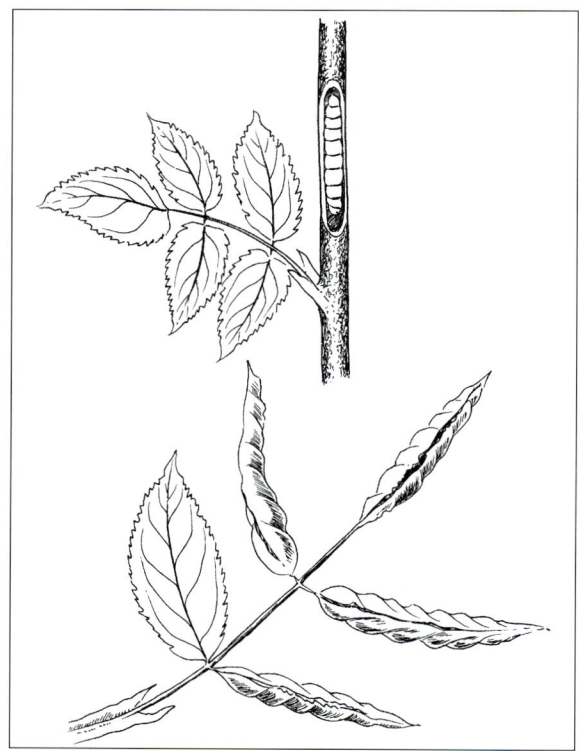

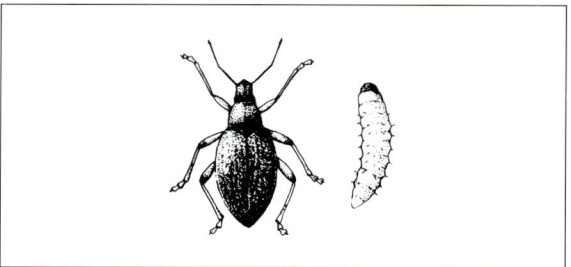

Dickmaulrüßler und seine Larve.

Der Rosentriebbohrer verrät sich durch ein kleines Loch im Rosentrieb. Der Ast muß abgeschnitten und vernichtet werden.

gen sind besonders in Hitzeperioden und an heißen Gartenstellen zu befürchten. Hier sollte vorbeugend gespritzt werden.

 Triebbohrer

Wenn einzelne Triebe ohne ersichtlichen Grund zu welken beginnen, ist sicher ein Triebbohrer im Rosenmark und frißt sich voll. Die befallenen Triebe sollten abgeschnitten und vernichtet werden.

 Weitere tierische Schädlinge

Es gibt noch viele weitere Insekten, die Ihre Rosen schädigen können. Sie kommen aber nicht so häufig vor.

Blütenstecher: Er sticht unmittelbar unter die Knospe, was zum Hängen oder Abwerfen der Knospe führt.

Rosenwickler: Blätter und junge Triebe werden zerfressen und eingesponnen.

Miniermotte: Sie verursacht in den Blättern unregelmäßige, geschlängelte Gänge. Die Blätter werden gelb und fallen schließlich ab.

Rosenblattwespe: Sie frißt einzelne Blatteilchen vom Blatt. Die Fraßstelle wird braun und fällt aus. Es entstehen Löcher.

Tapezierbiene, Blattschneider: Halbkreisförmige runde Stücke werden aus den Blatträndern herausgetrennt.

Schildläuse: Auf den ein- und zweijährigen Trieben sitzen die Mutter und Jungtiere. Auch sie scheiden Honigtau aus.

Hagebuttenfliege: Ihre Maden fressen das Hagebuttenfleisch.

Ohrwurm: Wenn zu viele Ohrwürmer auftreten, fressen sie an Knospen und jungen Triebspitzen. Man kann ihre wohlgemeinte Tagesstätte auch als Falle verwenden.

Dickmaulrüßler: Der Käfer ist in der Nacht aktiv und frißt Blattstücke und hinterläßt meist buchtige Fraßstellen am Rand. Seine Larven befinden sich im Boden und fressen an den Wurzeln. Bei starken Befall können die Pflanzen absterben. Die Käfer können nachts mit der Taschenlampe gesucht und abgesammelt werden (im Mai).

Säugetiere: Auch einigen größeren Tieren schmecken Rosen ganz hervorragend.
In Gärten, die an Waldrändern liegen und keinen mindestens 1,50 m hohen Zaun haben, braucht man sich nicht zu wundern, wenn eines Morgens alle Knospen der Edelrosen vor der Terrasse abgefressen sind. Meist sind Rehe die Verursacher. Diese sonst scheuen Tiere können

in den frühen Morgenstunden solchen Leckereien nicht widerstehen.

Auch Kaninchen können zur Plage werden. Da hilft nur ein engmaschiger Drahtzaun, der zudem noch im Boden eingegraben ist. Vor allem im Winter benagen sie die Sträucher. Die Schäden sind manchmal so stark, daß die Pflanzen im Frühjahr nicht mehr austreiben. In sehr großen Anlagen muß man gegebenenfalls jede Pflanze einzeln mit Draht schützen.

Dann gibt es noch die heimtückischen Nager, die unter der Erde die Wurzeln abnagen. Bei Wühlmäusen helfen nur Fallen in den Gängen, oder jede Rose wird schon beim Pflanzen mit einem feinmaschigen $1/2''$-Drahtkorb, der mindestens 50 cm tief sein sollte, versorgt. Bei mir haben sie im vergangenen Winter einem schönen Solitärstrauch von 'Mme Victor Verdier', einer wunderbar duftenden, hellroten Remontant-Rose, die Wurzel abgefressen. Im Frühjahr, als der Frost aus dem Boden ging, fiel die 1,50 m hohe Pflanze einfach um. Die Wurzel war armdick.

Schadbilder der tierischen Schädlinge

- Blattläuse:
  Die Tiere sind leicht zu erkennen. Mißbildungen an Trieben und Blättern.
- Rosenzikade:
  mosaikartige Stellen entlang der Blattrippen.
- Schaumzikade:
  Kuckucksspeichel in den Blattachseln.
- Rote Spinne:
  Gelbfärbung der Blätter, feines Gespinnst auf der Blattunterseite (Lupe).
- Blattrollwespe:
  Blätter sind eingerollt.
- Thripse:
  Knospenspitze ist abgefressen und öffnet sich schlecht.
- Dickmaulrüßler:
  Buchtenfraß an den Blättern.

Nützlinge

Zum Glück gibt es unter den Insekten nicht nur solche, die den Rosen schaden. Eine ganze Reihe hilft auch diese Schadinsekten zu vernichten. Vor allem die Blattlauskolonien werden durch solche Nützlinge in Grenzen gehalten. In einem zu aufgeräumten Garten sind sie allerdings nur schlecht zu finden. Eine ordentliche Wildnis mitWildrosen als Brutgelegenheit und ungefüllten Sommerblumen für die vielen Insekten, die sich von Blütenstaub und Nektar ernähren, wenn die Wildrosen nicht mehr blühen, ist sicher zu vertreten. Auch können Blumentöpfe oder Rosenkugeln aufgestellt werden, als Schlafstätte oder Nistplätze für die nachtjagenden Ohrwürmer.

Marienkäfer heften ihre gelben, zusammenstehenden Eier auf die Blattunterseite, meist in der Nähe von Blattlauskolonien. Jede Larve vertilgt während ihrer Entwicklung etwa 600 Blattläuse. Der Käfer selbst ernährt sich auch von Blattläusen, braucht aber wesentlich weniger.

Die Larven der Florfliege vertilgen in ihrer kurzen Entwicklungszeit von etwa 18 Tagen 400 bis 500 Blattläuse. Die erwachsenen, zarten Insekten mit den großen, durchsichtigen, grünlichen Flügeln ernähren sich vorwiegend von Nektar und Blütenstaub.

Schwebfliegen vermehren sich sehr schnell. Sie besuchen Blüten. Durch ihr Aussehen werden sie oft mit Wespen verwechselt. Die Larven sind nachtaktiv und saugen täglich bis zu 100 Läuse aus.

Schlupfwespen legen ihre Eier mit einem Legestachel direkt in die Läuse, die der schlüpfenden Larve gleich als Nahrung dienen. Eine einzelne Wespe kann Eier in bis zu 1000 Läusen ablegen.

Krankheiten

► Sternrußtau

Sternrußtau sollte vorbeugend behandelt werden, da er Pflanzen stark schwächen kann.

Von allen Krankheiten ist der Sternrußtau die verbreitetste und gefährlichste. Der Hauptbefall erfolgt meist im Hochsommer, wenn das Wetter naß und kalt ist. Es breiten sich dann sternförmig begrenzte, runde, schwarze bis dunkelbraune Flecken über das Blatt aus. Damit das Laub schneller abtrocknet, sollte vor allem in Rosenbeeten nicht zu eng gepflanzt werden. Befallene Blätter fangen an zu vergilben und fallen schließlich ab. Diese auf dem Boden liegenden Blätter und alle befallenen Blätter sollten dann vor dem Winter gesammelt und vernichtet werden, um einer Ausbreitung vorzubeugen. Jedes liegengelassene Blatt hat Millionen Sporen, die im Boden überwintern und im Frühjahr eine neue Infektion auslösen. Im ersten Stadium befindet sich der Pilz nur auf dem Blatt, er greift dann aber auch auf junge Triebe über und schwächt sie. Durch den starken Laubfall wird die Assimilation stark gemindert. Die Pflanze hat dann kaum noch die Möglichkeit, Reserven anzulegen. Gerade bei Edelrosen oder Beetrosen ist ein vermeintlicher Frostschaden oft auf Schwächung der Pflanze durch Sternrußtau zurückzuführen. Die starkwachsenden Sorten der Strauch-, Kletter- und Alten Rosen sind oft weniger anfällig als die schwachwachsenden Beetrosen. Eine gut versorgte Pflanze, der es nicht an Nährstoffen und Wasser fehlt, hat jedoch alle Vorraussetzungen der Krankheit zu widerstehen. Mit einigen biologischen Mitteln läßt sich die Pflanze stärken, z. B. mit Schachtelhalm-Extrakten. Vor allem, wenn sich schon im Vorjahr Befall zeigte, sollte ab Mai alle 2 Wochen vorbeugend mit geeigneten Fungiziden gespritzt werden.

► Echter Mehltau

Der Befall sieht zwar auf den jungen Rosenblättern oder -trieben nicht gerade schön aus, er ist aber lange nicht so heimtückisch wie Sternrußtau. Der Befall tritt besonders an schlecht belüfteten Gartenplätzen auf oder wenn die Temperaturen im Sommer stark schwanken. Schwüle und die Feuchtigkeit des Taus tragen noch dazu bei, daß sich der Pilz schnell ausbreitet. Auch einseitige Düngung durch zu hohe Stickstoffgaben machen die Pflanze anfälliger gegen Pilzkrankheiten. Allerdings sind auch gut ernährte Pflanzen keinesfalls immun, wenn auch weniger anfällig. Da der Mehltau nicht auf den Blättern überwintert, sondern auf dem Rosenholz, ist es ratsam alle befallenen Triebe schon im Herbst zu entfernen. In jedem Fall ist vorbeugen besser als heilen. Daher sollte ab Mai alle 14 Tage mit einem geeigneten Mittel gespritzt werden.

► Falscher Mehltau

Bei anhaltend feuchter Witterung und schlechter Belüftung kommt Falscher Mehltau insbesondere im Mai und im Spätsommer vor. Er tritt in den letzten Jahren immer häufiger auf. War er vor Jahren nur aus Gewächshauskulturen bekannt, hat er jetzt robustere Stämme gebildet, die auch die Rosen im Freiland stark schädigen können. Der fast nicht augenfällige weiße, schimmelähnliche Belag auf der Blattunterseite färbt sich bald rostrot. Oft merkt man es erst, wenn das Blatt vergilbt und die rötlichen Flecken zu sehen sind. Das Blatt fällt ab, und meist sterben auch junge befallene Triebe vollständig ab. Gegen den Falschen Mehltau hilft nur eine vorbeugende Spritzung. Wenn der Befall bemerkt wird, ist es meist schon zu spät, und die Pflanze verliert alle Blätter. Beachtet werden muß vor allem, daß die Blattunterseite mit dem Spritzmittel gut benetzt wird.

Rosenrost

Die orangeroten Sporenlager auf der Blattunterseite sind leicht zu erkennen. Auf der Blattoberseite sind kleine gelbliche Blattflecken zu sehen. Infektionen breiten sich sehr schnell aus. Rosenrost tritt in der Regel im Hochsommer bei anhaltender Feuchtigkeit und Kühle auf. Zum Herbst werden die Sporenlager dunkelbraun bis schwarz, ein Verlust des Blattes ist die Folge. Die Sporen überwintern, daher sollten alle Blätter aus den Beständen entfernt werden. Der Rosenrost sollte vorbeugend bekämpft werden, wenn die Witterung einen Befall begünstigen würde. Er tritt nicht jedes Jahr auf. Die kombinierten Mittel, die auch gegen Mehltau und Sternrußtau helfen, schließen meist auch den Rosenrost ein.

Vorbeugende Pilzabwehr

- den richtigen Standort wählen.
- sorgfältige Bodenvorbereitung durch tiefes Graben und evtl. Bodenverbesserung.
- sorgfältige Pflanzung.
- robuste Sorten wählen. Absolut resistente Sorten gibt es nicht, wohl aber solche, die weniger anfällig sind.
- weite Pflanzabstände einhalten.
- Überdüngung vermeiden, mastig wachsende Pflanzen sind besonders gefährdet.
- befallene Pflanzenteile frühzeitig entfernen und besser vernichten als zu riskieren, daß über den Komposthaufen überlebende Sporen verbreitet werden.

Schadbilder der Pilzkrankheiten

- Sternrußtau:
  sternförmig begrenzte, runde, schwarze bis dunkelbraune Flecken.
- Echter Mehltau:
  weißer Schimmelbelag auf den Blättern und Blütenstielen.
- Falscher Mehltau:
  leichte rostrote Färbung auf der Blattunterseite, das Blatt vergilbt.
- Rosenrost:
  orangerote Pusteln auf der Blattunterseite.

Seltener vorkommende Pilzkrankheiten

- Rosenblattfleckenkrankheit:
  unterschiedlich geformte graue Flecken, die mit einem rostbraunen Rand gesäumt sind.
- Rußtau:
  rußähnlicher Überzug auf der Blattoberfläche, meist durch Honigtau des Blattlausbefalls.
- Knospen- und Stielfäule:
  Der Blütenstiel färbt sich dunkel und ist oft mit Schimmelrasen belegt, ebenso die Knospen. Die Blüten hängen nach unten und ein Aufblühen wird verhindert.
- Hallimasch:
  schlechter und kümmerlicher Wuchs.
- Rindenfleckenkrankheit:
  unregelmäßig dunkle Flecke verschiedener Größe. Später springt die Rinde auf und läßt das abgestorbene Holz sehen. Sie wird oft mit Frostschäden verwechselt.

Andere Schädigungen

◤ Mißbildungen der Blüten

Bei einigen starkgefüllten Edelrosen und Alten Rosen wächst aus der Mitte der Blüte eine nicht schön anzusehende Wucherung. Im Volksmund wird sie als „Kindl" bezeichnet. Oft sind es mißgestaltete Knospen, manchmal sogar vollständige Knospen auf kleinen Blütenstielen. In der Regel treten diese Mißbildungen nur im Fühjahr auf. Im Halbschatten stehende sind öfter betroffen als solche, die einen freien Stand haben. Zurückzuführen ist das wahrscheinlich auf genetische Fehler oder auch auf einen Virus. Interessanterweise sind Sorten, die bekannt dafür sind, daß sie mehrere Sports hervorgebracht haben, häufiger von diesen Wucherungen befallen.

◤ Blüten verkleben

Bei langen Regenperioden sind die starkgefüllten Sorten mit vielen Blütenblättern besonders gefährdet. Meist im späten Knospenstadium verfaulen dann die äußeren Blütenblätter, und beim ersten Sonnenschein sind sie verhärtet. Die Blüte sitzt fest und kann sich nur noch öffnen, wenn man ihr hilft und die äußeren verklebten Blütenblätter abnimmt. Bei einigen Moosrosen und Zentifolien kommt dies häufig vor. Läßt man die angefaulten Knospen am Strauch, fallen sie nach einiger Zeit ganz ab oder bleiben unschön als Mumie hängen.

Winterhärte, Winterschutz

Unsere einheimischen und europäischen Wildrosen sind am winterhärtesten, und auch die Kreuzungen dieser Wildrosen untereinander sind selbst in rauhen Lagen ohne Winterschutz frosthart. Dazu gehören auch ihre Hybriden. Dagegen können Sorten, deren Erbmasse Anteile der Gattungen *R. chinensis*, *R. wichuraiana*, *R. moschata* oder *R. multiflora* enthalten, in sehr strengen Wintern, besonders wenn Kahlfröste vorkommen, Schaden nehmen. Diese Rosen stammen aus Gebieten mit feuchtwarmem Klima. Erbgut aus diesen Gruppen ist in allen unseren modernen Beet-, Kletter- und Strauchrosen zu finden. Daher brauchen sie einen besonderen Winterschutz. Dabei ist der Frost gar nicht so schlimm. Die Februar- und Märzsonne bringt oft schon hohe Temperaturen, nachts jedoch friert es oft noch stark. Diese Temperaturunterschiede gefährden unsere Rosen. Auf der Sonnenseite nehmen die Zellen schon Wasser auf, das in der Nacht durch den Frost gefriert und die Zellen reißen läßt. Daher ist mehr ein Sonnenschutz erforderlich. Hier helfen schon ein wenig Fichtenreisig, Jute oder Vlies. Wichtig ist, keine Folien zu verwenden. Unter ihnen staut sich die Hitze und verleitet die Pflanzen vorzeitig auszutreiben. Solche Rosen trifft es dann in Frostnächten noch härter. Die Pflanzen sollten nicht zu dick eingepackt werden. Eine Schattierung reicht aus. Auch zu früher Winterschutz ist nicht gut, November-Dezember ist je nach Gebiet die beste Zeit.

Die sehr winterharten Rosengruppen
R. gallica
R. × alba
R. × damascena und Portland-Rosen
R. lutea
R. pimpinellifolia
R. × centifolia
R. muscosa
R. rugosa
R. rubiginosa

Die Edelrosen und Beetrosen werden an der Veredlungsstelle durch Anhäufeln ausreichend geschützt. Ein Schattieren mit Reisig ist nicht unbedingt erforderlich. Wenn die Pflanzen zurückfrieren, sind wenigstens die Teile im Boden nicht erfroren. Die Pflanzen müssen dann ganz tief zurückgeschnitten werden. Das kann auch bis wenige Zentimeter über der Veredlung sein. Aus den wenigen verbleibenden Augen wachsen sie im Frühjahr recht stark und blühen schon im Sommer wieder voll.

Kletterrosen sind besonders gefährdet, wenn sie vor einer reflektierenden Wand stehen. Die Schattierung tut hier unbedingt not und der Fuß muß angehäufelt werden. Es ist zu ärgerlich, wenn schöne große Exemplare im Frühjahr bis zum Boden heruntergeschnitten werden müssen. Bei manchen Sorten dauert es Jahre, bis sie wieder so groß werden. Sehr schnell werden die *R. wichuraiana*-Sorten und die *R. multiflora*-Sorten wieder in die Höhe wachsen. Aber sie blühen nicht im ersten Jahr.

Strauchrosen kann man mit Jute einbinden, oder man kann die zusammengebundenen Pflanzen mit Tannenreisig ausstecken. Bei starken Schneefällen, besonders bei Naßschnee, sollte geschüttelt werden, damit die Pflanze nicht zusammenbricht.

Bei Hochstammrosen und Kaskadenrosen ist die Veredelungsstelle oben, daher wird die Krone niedergelegt und mit Erde bedeckt. Um ein Brechen des Stammes zu vermeiden, können die Wurzeln auf der Gegenseite zum Umlegen etwas gelockert werden. Dies hat außerdem den Vorteil, daß durch die Störung der Saftstrom gestoppt wird, und das Holz schneller ausreift. Sind die Stämme schon zu dick, reicht es oft, die Krone mit Fichtenreisern auszustecken und mit Jute zu umwickeln. Auf Hochstamm veredelte Portland-Rosen und Damaszenerrosen brauchen nicht eingepackt zu werden; sie sind winterhart genug.

Ende März kann dann der Winterschutz entfernt werden. Wenn keine späten Fröste mehr zu erwarten sind, kann auch schon abgehäufelt werden. Diese Arbeiten sollten möglichst an trüben Tagen erfolgen, da sonst den Pflanzen ein Sonnenbrand droht.

Rosen unter Glas

Bis in den Mai zu warten, dauert mir persönlich zu lange. Ich treibe jedes Jahr einige Rosen an, um schon in den Wintermonaten – oder wenigstens im zeitigen Frühjahr – blühende Rosen zu haben. Das können Sie auch. Sie brauchen dazu ein kleines Gewächshaus oder einen Wintergarten. Mit etwas Heizung kann man die ersten Blüten schon im Dezember oder Januar haben; ohne Heizung, im Kalthaus, etwa ab April/Mai. Im Zimmer dagegen ist die Luft zu trocken; ohne ausreichende Luftfeuchte fällt das Rosenblatt bald ab.

Es gibt verschiedene Möglichkeiten, Rosen unter Glas zu ziehen. Sie können ausgepflanzt oder in Töpfen oder Kübeln gezogen werden. Letzteres ist die einfachere Methode, und die Erfolge sind wesentlich höher. Zum Kultivieren eignen sich fast alle Töpfe. Bei Plastik muß auf eine gute Dränage geachtet werden, damit die Wurzeln nie zu naß stehen. Zur Dränage nimmt man Kies oder Tonscherben. Darüber kommt eine dünne Vliesmatte, damit die Erde nicht nach unten schwemmt und die Dränageschicht verstopft. Die Erde sollte locker humos sein, beispielsweise Kompost gemischt mit Rindenhumus oder Torf, und mit bis zu 25% scharfem Sand. Ist kein Kompost vorhanden, kann im Handel Einheitserde gekauft werden. Zum Treiben eignen sich am besten China-Rosen und Teerosen, viele Remontant-, Portland- und Bourbon-Rosen, aber auch neue Edelrosen.

Am zweckmäßigsten erfolgt das Topfen im zeitigen Frühjahr. Die Pflanzen werden im Freien aufgestellt, anfangs im Halbschatten, später besser in der Sonne. Eine Düngung im Mai ist selbstverständlich, und auf Blattläuse und Co. sollte auch geachtet werden. Die Pflanzen gedeihen prächtig und wachsen bis in den Sommer. Wollen Sie sehr früh blühende Rosen, dann brauchen die Pflanzen eine Ruhezeit, bevor sie angetrieben werden. Die Ruhe, die normalerweise im Oktober/November beginnt, muß vorgezogen werden. Dazu werden die Töpfe einfach trocken gestellt; entweder stellen Sie die Pflanzen unter ein Dach oder legen sie einfach um, damit kein Regen in die Töpfe fällt. Aber bitte nicht vertrocknen lassen. Die Pflanze schließt nun ab und beginnt ihre Ruhezeit. Anfang November wird dann eingeräumt. Ein kleiner Korrekturschnitt oder, sofern es sich um Edelrosen handelt, ein richtiger Rückschnitt sollte dann durchgeführt werden. Alles alte Laub wird entfernt, um möglichst keine Pilzsporen mit ins Haus zu nehmen. Dann werden die Pflanzen gut gewässert und später mit einem Depotdünger gedüngt; etwa 1,5 g Osmocote pro Liter Topfinhalt hat sich bestens bewährt.

Schon nach 2 bis 3 Wochen treiben die Rosen und bekommen die ersten Blätter. Wichtig ist jetzt, daß immer ausreichend gelüftet wird, denn schon wenige Sonnenstrahlen heizen den Raum unter Glas gewaltig auf. Die Töpfe sind immer gut feucht zu halten, vorzugsweise mit nicht zu kaltem Wasser, aber nicht zuviel gießen. Es wird nicht lange dauern, und die ersten Blattläuse stellen sich ein. Systemisch wirkende Insektizidstäbchen können in den Topf gesteckt werden. Saugende Insekten werden damit abgetötet. Eine andere Möglichkeit besteht darin, billigen Tabak in einer Schale anzustecken und zu verräuchern. Der schlimmste Feind ist jetzt noch der Mehltau. Trotz guten Lüftens stellt er sich gerne ein. Wer nicht spritzen möchte, kann bei Befall nachts Schwefel verdampfen. Jetzt können sich bald die ersten Blüten öffnen, während draußen noch Eis und Schnee das Sagen haben. Im Mai ist die Pracht vorbei. Die Kübel kommen wieder in den Garten und werden dort bis zum Herbst versorgt.

Die andere Möglichkeit ist, die Rosen im Gewächshaus direkt in den Boden zu pflanzen. Ich schlage dafür kletternde Teerosen vor. 'Maréchal Niel' oder 'Gloire de Dijon' eignen sich gut. Die langen Triebe werden mit 30 cm Abstand an den Wänden oder unter dem Dach an Drähten gezogen. Auch hier muß immer gut gelüftet werden. Ein Vorteil ist, daß die kletternden Rosen durch ihr Laub die darunter stehenden Pflanzen schattieren. Da die Blüten hängend sind, schauen sie schön auf den Betrachter herab.

Wer so wie ich nicht aufs Frühjahr warten kann, sollte es unbedingt versuchen und den ersten Rosenduft schon im Winter schnuppern.

Rosen vermehren

Auf einen Strauß Rosen von selbstgezogenen Pflanzen ist jeder Hobbygärtner und Rosenliebhaber besonders stolz. Einige einfache Vermehrungsmethoden kann jeder ohne viele Vorbereitungen leicht selbst durchführen, hier vor allem das Absenken von Trieben und das Stecken von Steckhölzern. Für die Veredlung durch Okulation, das Pfropfen und zum Bewurzeln von Stecklingen braucht man ein bißchen Fingerspitzengefühl. Das sind die vegetativen Vermehrungsmethoden. Generative Vermehrung – durch Aussaat, vielleicht sogar durch selbst bestäubte Blüten – erhöht die Spannung. Vielleicht entsteht ja eine wunderschöne neue Sorte. Das ist dann schon Züchten. Versuchen Sie es, aber ein wenig Geduld braucht man sowohl beim Züchten als auch beim Vermehren.

Vermehrungsmöglichkeiten

- Absenken (im Freiland)
- Steckholz (im Freiland)
- Veredeln durch Okulieren (im Freiland)
- Stecklinge (unter Folie)
- Ausläufer (im Freiland)
- Handveredlung (im Warmhaus)
- Aussaat (im kalten Kasten)

Das Absenken ist die leichteste und sicherste Methode, um Rosen zu vermehren. Besonders geeignet sind weichtriebige, überhängende Sorten.

Das Absenken

Bei Edelrosen oder anderen straff aufrecht wachsenden Rosen ist Vermehrung durch Absenken nur schlecht möglich. Aber bei Alten Rosen, Kletterrosen und Ramblern ist es eine ziemlich leichte und sichere Vermehrungsart. Ein einjähriger Trieb wird im Herbst oder Frühjahr zum Boden niedergelegt und mit einer Astgabel oder einem Draht in einer flachen Mulde festgesteckt. Die Mulde wird wieder mit Erde gefüllt und angedrückt. Das Triebende schaut jetzt 30 bis 40 cm aus dem Boden. Bei Ramblern reicht das schon aus. Bei Sorten mit festerem Holz sollte die Rinde im Bodenbereich etwas verletzt werden, entweder indem man die Rinde leicht mit einem Messer ritzt oder den Trieb einfach dreht. An diesen Verwundungen bildet die Pflanze beim Heilungsprozeß leicht Wurzeln. Schon im folgenden Herbst oder Frühjahr kann die neue Pflanze von der Mutterpflanze getrennt werden und einen eigenen Standort bekommen.

Steckhölzer

Wildrosen, Strauchrosen und Kletterrosen sowie viele Alte Rosen lassen sich gut durch Steckhölzer vermehren. Aber auch einige Edelrosen und Beetrosen sind mit etwas Geduld auf diese Weise zu bewurzeln. Das Steckholz wird im

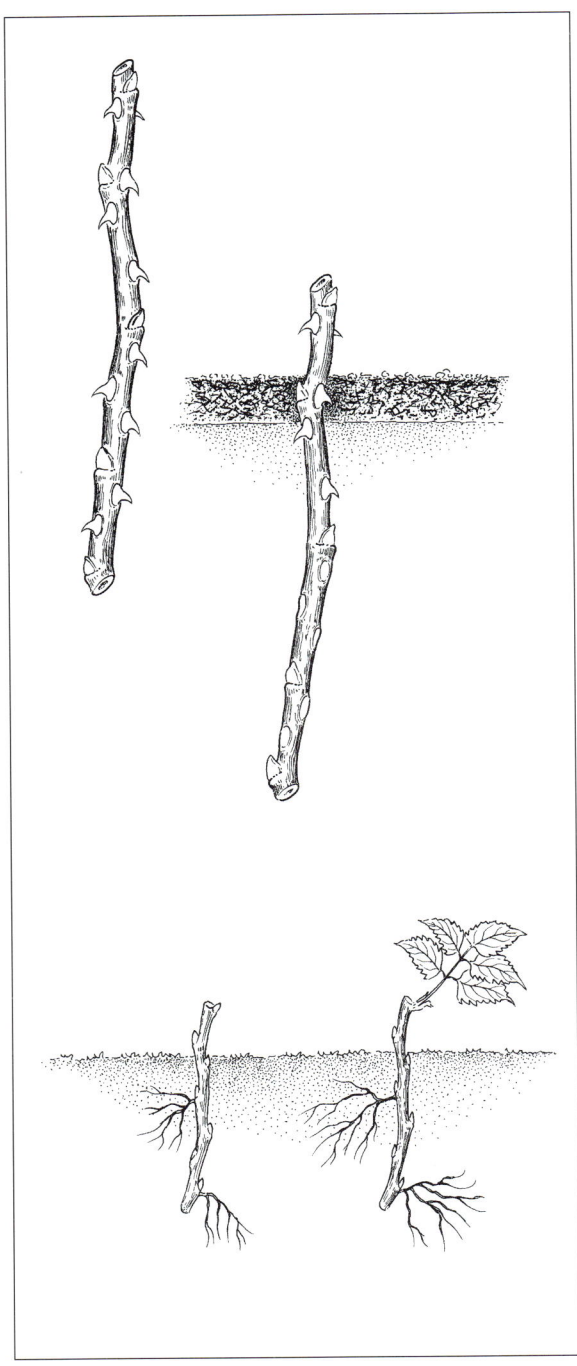

Oktober oder November geschnitten. Wählen Sie gut ausgereifte, etwa bleistiftstarke Triebe von etwa 15 bis 20 cm Länge aus, jeweils mit einer Triebknospe am unteren und oberen Ende. Die Hölzer können mit einer scharfen Schere oder einem Messer geschnitten werden. Gesteckt wird in lockere Gartenerde, die evtl. mit Torf und Sand verbessert wird. Die Huminsäure des Torfs fördert die Bewurzelung. An einem feuchten Gartenplatz oder im Frühbeetkasten können die Hölzer gesteckt werden. Das Steckholz wird so tief gesteckt, daß nur ein Auge aus der Erde schaut. Diese 2 cm werden über den Winter mit Fichtenreisig oder einer Strohmatte zum Frostschutz abgedeckt. Schon Ende April fangen die Hölzer an auszutreiben. Jetzt muß die Erde immer feucht, aber nicht zu naß gehalten werden. Im Sommer können die sichtbaren Erfolge vielleicht schon mit einer Blüte gefeiert werden. Den endgültigen Standort kann die junge Pflanze dann im Herbst oder im nächsten Frühjahr bekommen, und Sie über ein langes Rosenleben erfreuen.

Das Okulieren

Ein bißchen Geschick und ein paar Fertigkeiten braucht man bei der Okulation. Aber es ist noch kein Meister vom Himmel gefallen, und mit etwas Geduld kann man es schnell erlernen, und das Üben macht viel Spaß. Ein Okuliermesser bekommen Sie in einem guten Gartencenter. Die Rosenunterlagen sind bei jeder Rosenschule oder den Rosenversandbetrieben zu bekommen. Durch Okulation lassen sich die meisten Rosen vermehren. Einige Wildrosen allerdings sollten lieber auf eigener Wurzel stehen, sie wachsen als Okulat schlecht. Die Rosenwildlinge (Unterlagen) werden stark zurückgeschnitten, wenn Sie sie nicht schon pflanzfertig geschnitten bekommen. Die Wurzel wird etwa handbreit unter dem Wurzelhals abgeschnitten, ebenso die grünen Triebe. Jetzt ist der Wildling gerade noch etwa 25 cm groß. Gepflanzt wird im Frühjahr auf einem gut vorbereiteten Beet in

Oben:
Ein Steckholz sollte 3–5 Augen haben, und mit einer scharfen Schere geschnitten werden.

Unten:
Steckholz muß immer tief genug gesteckt werden, um ein Austrocknen zu vermeiden.

106

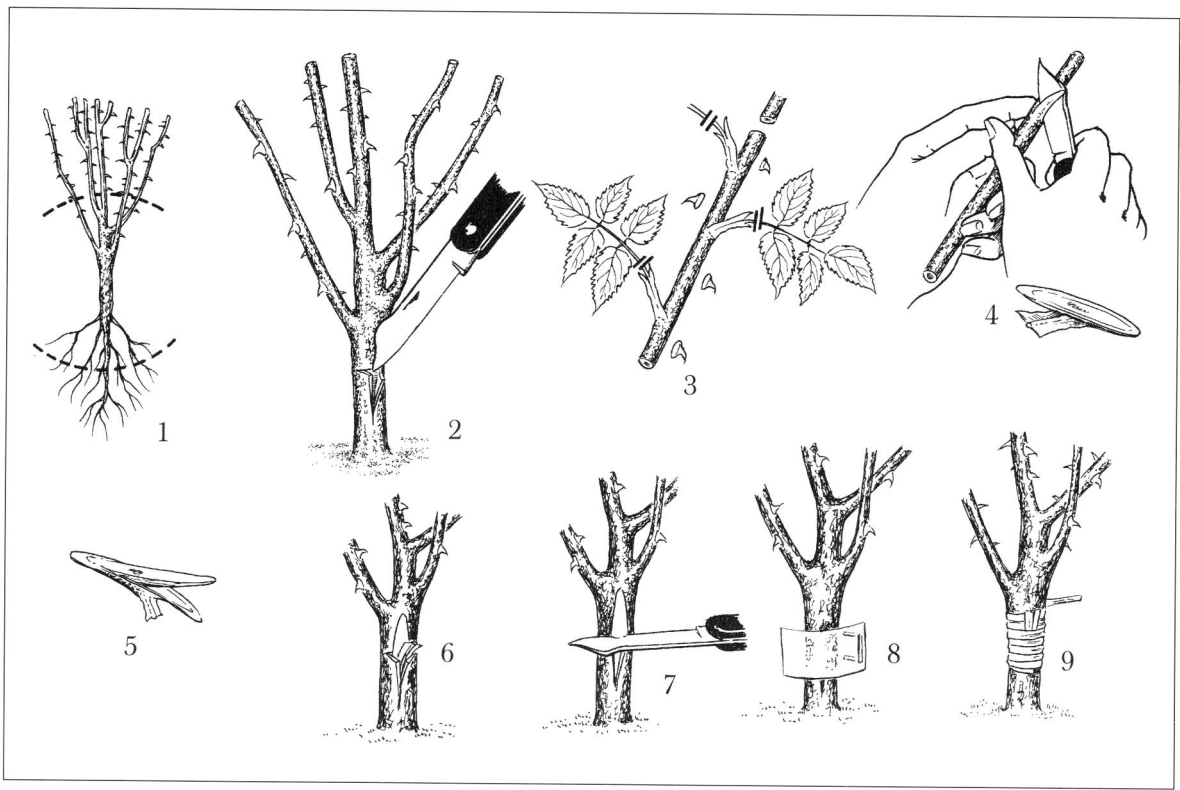

1. Der Wurzelhals wird geputzt.
2. Der T-Schnitt.
3. Das entblätterte und entstachelte Edelreis.
4. Das Auge wird geschnitten.
5. Zu dickes Holz wird ausgelöst.
6. In den Wurzelhals einsetzen.
7. Schildchen im T-Schnitt abschneiden.
8. Verbinden mit Bast oder Veredlungsgummi.

Reihen. Der Pflanzabstand sollte in der Reihe mindestens 20 bis 30 cm, der Reihenabstand 50 bis 70 cm betragen. Der Wurzelhals sollte etwa mit der Erdoberfläche abschließen. Dann wird die Pflanze zum Schutz vor Verdunstung angehäufelt. Wenn der Wildling im Mai die ersten jungen Triebe bekommt, kann abgehäufelt werden.

Das Veredeln sollte auf dem Höhepunkt der Wachstumsperiode erfolgen. Das ist im Juli, es geht aber auch noch bis Ende August. Der Wildling ist prächtig gewachsen und ist jetzt etwa 30 bis 50 cm hoch.

Die Auswahl des Veredlungsreises ist sehr wichtig. Es darf nicht zu dick sein, denn das Auge muß ja in den Wurzelhals passen. Auch sollte es reif sein. Das ist es, wenn die Blüte voll geöffnet oder gerade am Abblühen ist. Zur Probe wird ein Stachel leicht von der Seite angedrückt. Springt er ab, ohne daß die Rinde verletzt wird, ist das Edelreis reif. Es kann zur Okulation vorbereitet werden. An einem Reis sind bei Edelrosen 4 bis 7 Augen, bei Strauchrosen und Alten Rosen oft 10 Augen und mehr. Die Blätter werden so abgeschnitten, daß noch 1 cm des Blattstiels stehen bleibt. Anschließend werden die Stacheln durch leichten seitlichen Druck entfernt. Das Edelreis darf nie trocken werden. Es soll durch nasses Zeitungspapier oder eine Folie immer feucht gehalten werden.

Nun wird die Wildrose zum Veredeln vorbereitet. Dazu muß die Veredlungsstelle, der Wurzelhals, freigelegt und mit einem Tuch gesäubert werden. Dann kommt die eigentliche Veredlung. Es ist leichter, wenn Sie hinter der Pflanze stehen und diese umlegen und mit dem Fuß festhalten. Die Rinde der Unterlage wird in der Mitte des Wurzelhalses durch einen T-Schnitt geöffnet und gelöst. Wenn der Wildling voll im Saft steht, läßt sie sich leicht lösen. Ob das mit der Klinge erfolgt oder mit dem Löser, den jedes Okuliermesser hat, ist gleich. Aber es muß darauf geachtet werden, daß die Kambiumschicht unter der Wurzelhalsrinde nicht beschädigt wird.

Nun ist das Auge zu schneiden. Das ist erfahrungsgemäß der schwierigste Teil. Daher sollten Sie das Augenschneiden vorher üben. Dazu wird das Edelreis verkehrt in der linken Hand gehalten. Die Klinge des Okuliermessers setzt dann 5 mm über dem Auge an und fährt mit einem ziehenden Schnitt hinter dem Auge flach durch. Versuchen sie gar nicht erst freihändig zu schneiden, sondern legen den Zeigefinger zur Stabilisierung am Reis an. Bei flachen Schnitten ist hinter dem Auge kein Holz des Veredlungsreises oder nur sehr wenig. Bei etwas stärkeren Schnitten ist Holz hinter dem Auge; es wird herausgelöst. Beide Möglichkeiten führen zum Erfolg.

Das Auge wird in den T-Schnitt im Wurzelhals eingeführt, bis es etwa in der Mitte des 1,5 cm langen Schnittes ist. Der Rest wird im T des Schnittes abgeschnitten.

Die Veredlung muß nun noch verbunden werden, denn es darf keine Erde oder Feuchtigkeit eindringen, und das Auge braucht festen Halt. Man kann dazu Bast oder Wolle nehmen. Günstiger sind die Schnellverschlüsse aus Gummi. Sie werden über die Wunde gelegt und mit der Klammer hinten fixiert. Ob die Veredlung gelungen ist, sehen Sie schon nach 14 Tagen. Das Auge ist grün, und es hat sich im Schnitt Kambium gebildet. Ist die Veredlung abgestorben, können Sie auf der Rückseite des Wurzelhalses jetzt noch eine weitere Veredlung ausführen.

Das Auge ruht nun im Wurzelhals bis zum nächsten Frühjahr. Im März wird die Wildkrone abgeworfen. Dazu wird die ganze Krone 1 cm über der Veredlung mit der Schere abgeschnitten. Schon wenige Wochen später fängt das Auge an zu treiben, und im Mai ist es schon 15 cm hoch.

Nun muß pinziert werden, damit die Pflanze auch buschig wird. Die Spitze des neuen Triebes wird vorsichtig herausgeschnitten. 2 bis 3 Blätter bleiben der Veredlung noch. Kommen wilde Triebe aus der Wurzel, werden sie entfernt. Bis zum Sommer haben Sie dann, wenn alles gut gegangen ist, schon eine blühende Rose.

Stecklinge

Aus Stecklingen gezogene Rosen haben in den letzten Jahren immer mehr an Bedeutung gewonnen. Neben den vielen Millionen wurzelecht vermehrter Zwergrosen, die in kleinen Töpfen in Blumengeschäften, Gartencentern und Lebensmittelläden zum Verkauf stehen, gibt es auch in Rosenschulen herangezogene wurzelechte Ware. Wildrosen, die nicht aus Samen gezogen werden können, sollten stecklingsvermehrt werden, um später nicht die lästigen Wildtriebe zu bekommen. Oft ist die Wildrose nicht deutlich von der Unterlage zu unterscheiden. Den größten Teil der wurzelecht vermehrten Sorten bilden die sog. Bodendeckerrosen – eigentlich sollte man besser „Flächendeckerrosen" sagen, die in großen Mengen für öffentliche Anlagen verwendet werden, aus den gleichen Gründen, der Wildtriebe wegen.

Eine Rose auf eigener Wurzel kann genau so alt werden wie eine veredelte. Die Anzucht dauert etwas länger, um eine im Vergleich zu Veredlungen gleich starke Qualität zu erzielen. Die meisten Rosen wurzeln sehr leicht, und daher ist ein Erfolg sicher auch Ihnen gegeben.

Stecklinge werden im Mai-Juni geschnitten und gesteckt. Der frühestmögliche Zeitpunkt ist gerade recht, damit die bewurzelten Stecklinge zum Herbst auch noch etwas ausreifen, denn sonst können im ersten Winter die Ausfälle hoch sein.

Bereiten Sie die Stecklingskiste oder -töpfe mit einer Erde aus je $1/3$ Kompost, Torf und Sand vor. Kompost enthält meist viel Unkrautsamen,

Verwendung finden junge Triebe mit voll entwickelten Blättern. Zu große Blätter werden eingekürzt. Es wird tief gesteckt und abgedeckt, bei voller Sonne schattiert.

daher können Sie auch in Ihrer Baumschule eine Einheitserde zum Aussäen oder Pikieren kaufen. Aber auch diese Erde wird mit 50% gewaschenem Sand gemischt. Stecklingsmaterial ist meist in ausreichenden Mengen da, deshalb können Sie ruhig große Stecklinge machen. Junge Triebe werden von den Mutterpflanzen entnommen. Sie sollen noch weich sein, evtl. sollten sie schon eine kleine Knospe haben. Blühende Triebe sind nicht mehr geeignet. Der Trieb wird in 1 bis 2 Teilstücke geschnitten, je mit 3 bis 4 Blättern. Am unteren Ende wird wenige Millimeter unter dem letzten Auge mit dem Messer oder einer scharfen Schere geschnitten. Die unteren beiden Blätter werden

entfernt. Die oberen werden eingekürzt, um die Assimilationsfäche zu vermindern. Die Stecklinge werden etwa 3 cm tief in Substrat gesteckt und gut angedrückt. Es wird angegossen und, um die Luftfeuchtigkeit zu erhöhen, mit Glas oder Folie abgedeckt.

Die Stecklinge brauchen Licht, dürfen aber nicht verbrennen. Bei voller Sonneneinstrahlung muß etwas schattiert werden. Das geht sehr gut mit einer Milchfolie, das ist eine weiß eingefärbte Folie. Die Stecklinge sind je nach Witterung täglich zu besprühen, außerdem muß gelüftet werden. An heißen Tagen kann das sogar alle 1 bis 2 Stunden erforderlich sein. Spätestens nach 3 Wochen haben die kleinen Pflänzchen Wurzeln. Jetzt können sie in kleine Töpfe in Pikiererde getopft werden, danach werden sie und im Kasten schön luftig aufgestellt. Wurden die Stecklinge direkt im Frühbeetkasten gesteckt, können Sie die Pflänzchen ohne zu topfen bis zum Frühjahr im Grundbeet lassen. Sie wachsen dann zwar etwas wild durcheinander, aber es gibt die wenigsten Winterausfälle. Im Frühjahr werden sie dann herausgeholt, auseinandergerissen und stark zurückgeschnitten. Jetzt sind sie bereit um, auf den endgültigen Standort in gut vorbereitete Flächen gepflanzt zu werden. Ist wenig Vermehrungsgut vorhanden, können Sie die Stecklinge auch kleiner schneiden. Ein Auge reicht. Auch hier wird das Blatt eingekürzt. Die weitere Behandlung ist wie bei den größeren Stecklingen. Um große Mengen Bodendeckerrosen zu ziehen, ist das die beste Methode. Aus einem Trieb bekommt man oft bis zu zehn Pflänzchen. Bewurzlungshormone verwenden wir keine mehr.

Vermehrung durch Ausläufer

Bei einigen wurzelecht vermehrten Wildrosen und Alten Rosen, die leicht Ausläufer bilden, können diese von der Mutterpflanze abgetrennt werden. Die Zahl der Pflanzen, die auf diese Weise erzielt werden kann, ist aber meist gering.

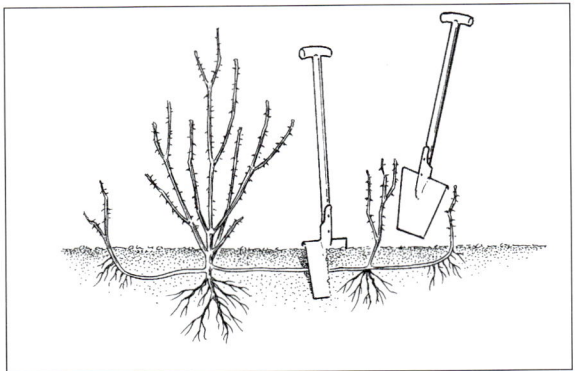

Vermehrung durch Ausläufer. Die Rose treibt sie von selbst; man muß sie nur noch abtrennen.

Handveredlungen

Diese Vermehrungsart wird meist nur von Produzenten von Schnittrosen ausgeführt. Auf einen angetriebenen, starken Wildling mit einem Wurzelhalsdurchmesser von 10 bis 12 mm werden im Winter Treibrosen veredelt. Das Reis wird schräg angeschnitten und hat meist nur ein Auge. Bei dem schon abgeschnittenen Wildling wird die Rinde gelöst und das Reis dahinter geschoben. Dann wird mit Bast oder Schnur verbunden. Bei hoher Luftfeuchtigkeit („gespannte Luft") wächst das Reis sehr schnell an und treibt bald aus. Bei Bodenheizung im Vermehrungsbeet sind die Pflanzen schon nach 4 bis 6 Wochen zur Auslieferung bereit.

Vermehrung durch Samen

Die reinen Wildrosen lassen sich alle aus Samen vermehren. Wenn die Wildrosen völlig rein gezogen werden sollen, dann müssen sie in vollkommener Isolierung stehen, um nicht durch Bienen oder andere pollentragende Insekten von anderen Sorten bestäubt zu werden. In Gärten entstehen solche Zufallskreuzungen oft, dabei wurden schon wertvolle Kreuzungen hervorgebracht. Die bekannte Sorte 'Kiftsgate' ist ein Beispiel dafür. Die Fremdbestäubung kann aber auch gezielt erfolgen. Das nennt man dann Züchten.

Rosen bestäuben

Wenn Sie mit dem Kreuzen von Rosen beginnen, sollten Sie sich eine Muttersorte aussuchen, die eine gute Samenträgerin ist, z. B. bei den Strauchrosen 'Centenaire de Lourdes' und bei den Teehybriden 'Gloria Dei'. Die Kreuzungen sollten so früh wie möglich vorgenommen werden, damit die Samen noch ausreifen können, möglichst Ende Mai bis spätestens Anfang Juli. Am günstigsten ist es, die Kreuzungen im Gewächshaus vorzunehmen. Die Petalen werden am Tage vor der Kreuzung entfernt. Der günstigste Zeitpunkt ist, wenn sich die Blüte gerade öffnen will. Auch werden gleichzeitig mit einer kleinen Schere alle Staubgefäße abgeschnitten; sie werden für evtl. weitere Kreuzungen aufbewahrt. Der Pollen von der Vatersorte muß etwa 2 Tage vorher abgenommen werden. Die Staubbeutel werden ebenfalls abgeschnitten und in ein untergehaltenes Glasschälchen gesammelt. Sie werden zum Trocknen aufgestellt, aber nicht in die Sonne oder an eine zu helle Stelle. Nach 2 Tagen sind die Staubbeutel trocken und entlassen die Pollen. Sollen die Pollen erst später verwendet werden, können sie in einem Plastikdöschen im Kühlschrank aufbewahrt werden. Am zweiten Tag bildet sich auf der Narbe ein Sekret, an dem die Pollenkörner haften bleiben; es reizt aber auch das Pollenkorn zur schnellen Bildung des Pollenschlauches, der die Narbe durchwächst und sich mit der Eianlage verbindet. Zum Bestäuben wird der Pollen auf die vorbereitete Blüte gebracht: Entweder wird er mit einem feinen Pinsel aufgetragen, oder die Blüte wird in den Pollen getaucht. Narbe und Pollen dürfen nicht durch Tau oder Regen feucht werden. Meistens wird schon mit der ersten Bestäubung ein ausreichendes Ergebnis erzielt. Zur Sicherheit kann jedoch am folgenden Tag nochmals Pollen aufgetragen werden. Nach der Bestäubung wird ein kleines Tütchen aus Stanniol oder Papier übergestülpt, um Fremdbestäubung auszuschließen. Die Befruchtung ist gelungen, wenn die Hagebutte sichtbar anschwillt. Das Tütchen kann dann entfernt werden.

Samenernte und Aussaat

Über den Sommer wachsen die Hagebutten. Sie sind reif, wenn sie sich orange oder gelb färben. Sie sollen vor dem ersten Frost geerntet werden. Dazu kann der Fruchtzweig abgeschnitten werden und im Zimmer in der Vase noch etwas nachreifen. In jeder Hagebutte sind je nach Sorte bis zu 50 Früchtchen. Die Hagebutte wird geöffnet, die Früchtchen werden entnommen und gereinigt. Sie bleiben noch 2 Wochen oder länger an einem feuchten, aber kühlen Platz. Im Gewächshaus kann ab Dezember ausgesät werden, im Mistbeetkasten besser erst im März. Auf eine 10 bis 15 cm starke Kompostschicht, die unkrautfrei sein sollte, wird noch eine 2 cm dicke Sandschicht aus grobem Flußsand aufgebracht.

In kleinen Rillen werden die Früchtchen mit 3 bis 4 cm Abstand gelegt und angedrückt. Über den Winter sind die Aussaatbeete kühl zu halten, sie dürfen aber keinen Frost bekommen. Ab Februar beginnt die Keimung der Samen und dauert bis etwa Ende Mai. Die kleinen Sämlinge bleiben im Beet oder werden in kleine Töpfe umgetopft. Im Sommer kann auf eine erste Blüte gehofft werden. Die Spannung ist riesengroß, und ich wünsche viel Glück mit Ihrer ersten Rose.

Vermehrung durch Gewebekulturen

Diese Vermehrungsart, die nur im Labor durchgeführt werden kann, ist für die Massenvermehrung – meist für Topfrosen und Bodendeckerrosen – interessant. Auf Nährböden werden kleine Gewebestücke aufgebracht und in sterilen Schalen zur Teilung angeregt. Jede dadurch erzielte Pflanze ist mit der Mutterpflanze, der das Gewebe entnommen wurde, völlig identisch.

Die Rosen und ihr Duft

Was wäre die Welt ohne Düfte! Auf jeden Fall wäre sie wesentlich ärmer, ärmer um etwas Wunderschönes. Ich sitze im Garten, genieße die Ruhe, die Sonne scheint, die Vögel zwitschern, alles blüht rundumher – ein Traum. Aber ohne Duft nur ein halber Traum.

Es ist sehr schwierig, Düfte zu beschreiben. Natürlich ist es möglich, sie systematisch und wissenschaftlich zu analysieren, unter Verwendung von chemischen Symbolen und von Namen dieser Substanzen. Es liegt jedoch so unendlich viel mehr in ihnen.

Pflanzen entwickeln den Duft für ihr eigenes Überleben, als Schutz gegen „Räuber" und um Insekten anzulocken. Die ätherischen Öle in Blättern haben in erster Linie die Aufgabe, Tiere und Insekten davon abzuhalten, ein Festmahl mit ihnen zu veranstalten. Der Duft der Blütenblätter hingegen bewirkt das Gegenteil, er lockt Insekten an; bei den Rosen sind es vor allem Hummeln und Ameisen. Der Duft kommt in der Regel von den flüchtigen ätherischen Ölen und wird frei, sobald sich die Öle mit dem Sauerstoff verbinden. Bei den Blumen werden die Duftstoffe in den Zellen der Blütenblätter gespeichert. Sie duften allein durch die Vielzahl der Blütenblätter, gefüllte Blüten duften also intensiver als einfache. Aber es gibt Ausnahmen. Beispielsweise enthalten die Rambler-Rosen *R. longicuspis* und 'Bobbie James' den Duft in ihren Staubgefäßen, was ausgesprochen ungewöhnlich ist. So verströmen gefüllte Formen solcher Rosen keinen Duft.

Düfte werden in verschiedene Gruppen zusammengefaßt: aromatisch, orientalisch, würzig, honigartig oder fruchtig, um nur einige Beispiele zu nennen.

Der Rosenduft ist eine Gruppe für sich. Schon 1885 berichtete Charles Curtis in einer Gartenzeitschrift von mindestens siebzehn verschiedenartigen Düften der Rose. Heute gibt es durch Kreuzungen der Modernen Rosen wesentlich mehr.

Der Rosenduft ist einer der schönsten und angenehmsten und umfaßt alle Rosen, aber auch einige andere Pflanzen. Er ist niemals überlagernd oder unangenehm, sondern immer beruhigend und aufbauend. Sein Hauptbestandteil ist Geraniol, das auch in dem nach Rosen duftenden Storchschnabel *(Geranium)* enthalten ist; von dieser Pflanze wird übrigens die billigere Version des „echten" Rosenöls gewonnen. Die Destillation des wirklich echten Rosenöls ist extrem teuer: 2000 Blüten sind erforderlich, um 1 g Rosenöl zu gewinnen. Aber gerade wegen ihres exklusiven Dufts gilt die Rose in der ganzen Welt als die Königin der Blumen. Von Anfang an wurde sie mehr wegen ihres Duftes als wegen ihrer Schönheit geschätzt. Wildrosen und „Alte Strauchrosen" haben den charakteristischen Duft. Leider tendierte man lange Zeit dazu, den „Alten Rosen" die modernen Edel- und Beetrosen vorzuziehen, nur um eine Dauerblüte möglichst von Juni bis fast zum Ende des Jahres zu haben. Viele der „Alten" blühen zwar nur für kurze Zeit, aber mit welchem Charme! Einige haben grau-grünes Laub, andere haben im Herbst wunderschöne Hagebutten. Wo der Platz nicht mehr erlaubt, sollte im Garten doch wenigstens eine Alte Rose stehen, allein wegen ihres unvergleichlichen Duftes. Erfreulicherweise haben die Züchter in jüngster Zeit den Duft wiederentdeckt, allen voran der Engländer David Austin, der uns mit seinen „Englischen Rosen" viele duftende Sorten auch dauerblühender Strauchrosen geschenkt hat.

Ich habe für Sie aus den verschiedenen Rosengruppen die besonders duftenden Sorten ausgesucht und versucht, ihren Duft zu charakterisieren.

Düfte sind sehr subjektiv und werden von jedem anders empfunden. Außerdem spielen Bodenverhältnisse, klimatische Bedingungen und auch die Rosenunterlage eine nicht zu unterschätzende Rolle. Dieselbe Rose kann abends anders duften als morgens oder bei warmem, feuchtem Wetter internsiver als sonst.

Eine Rose kann noch so schön, edel und herrlich anzuschauen sein wie beispielsweise 'Frau Karl Druschki', aber ohne Duft fehlt ihr etwas sehr Entscheidendes: die Seele.

Die schönsten Duftrosen

R. gallica (Gallica-Rosen)
'Charles de Mills': Die karminroten Blüten duften lieblich, aber doch konzentriert.
'Officinalis': Die „Apothekerrose" behält ihren würzigen Duft sogar, wenn die Blütenblätter getrocknet werden.

R. × damascena (Damaszenerrosen)
'Ispahan': Diese Rose duftet ausgesprochen intensiv und wird deshalb häufig zur Herstellung von Rosenöl verwendet.

R. × alba (Alba-Rosen)
R. × alba 'Maxima': Diese früh blühende Rose duftet sehr intensiv und süß, sie wird in Bulgarien zur Gewinnung von Rosenöl angebaut.

R. × centifolia (Zentifolien und Moosrosen)
'Fantin Latour': Sie ist eine der schönsten unter den zartrosa Rosen und hat den typischen Duft der „Alten Rosen".
'Reine des Centfeuilles': Die hübschen Blüten in reinem Rosa duften süß und warm.
R. × centifolia 'Muscosa': Sie ist die ursprüngliche Moosrose mit intensivem, fruchtigem Parfum.

R. chinensis (China-Rosen)
'Little White Pet': Ihre kleinen, weißen Blüten haben einen herben, myrrheähnlichen Duft.

R. × borboniana (Bourbon-Rosen)
'Boule de Neige': Aus fast roten Knospen entstehen köstlich duftende „Schneebälle".
'Mme Isaac Pereire': Die Blüten in intensivem Karmesinrosa haben einen Duft, der an Himbeeren erinnert.

'Souvenir de la Malmaison': Die entzückend geviertelten Blüten haben einen unvergleichlichen Duft, zart und fruchtig.

Remontant-Rosen
'Anna de Diesbach': Ihre dunkelrosa Blüten sind intensiv duftend.
'Heinrich Schultheis': Die nach meinem Großvater benannte Rose zeichnet sich durch den typischen, starken und süßen Rosenduft aus.
'Mrs John Laing': Die zarten, silbrigrosa Blüten haben einen köstlichen Duft.
'Sidonie': Reinrosa Blüten verströmen einen starken, fruchtigen Duft.

Teehybriden
'Just Joey': Die Blüten duften angenehm.
'La France': Die Blüten dieser ersten Teehybride haben einen kräftigen Duft.

Floribunda-Rosen
'Amber Queen': Die bernsteingelben Blüten duften intensiv.
'Margaret Merril': Sie gehört mit ihren wunderschönen Blüten zu den am lieblichsten duftenden weißen Rosen.

R. rubiginosa (syn. R. eglanteria)
Bei dieser Wildrose und einigen ihrer Hybriden duften nicht die Blüten, sondern das Laub, besonders die jungen Triebe. Der Duft erinnert an reife Äpfel, weshalb sie auch „Apfelrose" heißt.

R. rugosa (Rugosa-Rosen)
'Agnes': Die bernsteingelben Blüten haben einen intensiven, würzig-süßen Duft.
'Blanc Double de Coubert': Diese weiße Rose gehört zu den am stärksten duftenden Rosen überhaupt und ist für mich der Inbegriff des Rosenduftes: süß und würzig, warm und frisch zugleich, zart und doch intensiv, der unvergleichliche Duft der Rose, des Sommers.
'Rose à Parfum de l'Hay': Ein vielverspre-

chender Name einer kirschroten, würzig duftenden Rose.

Moschusrosen

'Buff Beauty': Diese schöne aprikosengelbe Rose hat einen ungewöhnlich vollen Teerosenduft.

'Felicia': Lachsrosa Blüten mit vollem, fruchtigem Duft.

Moderne Strauchrosen

'Graham Thomas': Diese dunkelgelb blühende Englische Rose hat einen deutlichen Teerosen-Duft.

'Glamis Castle': Eine weiße Englische Rose, zart und fein, mit intensivem Myrrhe-Duft.

Kletterrosen und Rambler

'Bobbie James': Dichte Büschel weißer Blüten duften intensiv und fruchtig.

'Janet B. Wood': Die kleinen, weißen Blüten haben das feine Bouquet eines guten Weißweins.

'New Dawn': Die zartrosa Blüten duften angenehm fruchtig.

R. filipes 'Kiftsgate'. Einer der starkwüchsigsten weißen Rambler mit starkem, weihrauchähnlichem Duft.

Nützliche und dekorative Hilfen

Werkzeuge

> **Die wichtigsten Werkzeuge zum Pflanzen und Pflegen der Rosen**
>
> ● Spaten
> ● Grabegabel
> ● Rosengabel
> ● Rosenschere, Astschere
> ● Blumenschere
> ● Stecklingsmesser, Okuliermesser
> ● Wildenstecher

Zum Vorbereiten des Rosenbeetes brauchen Sie einen kräftigen Spaten, denn die Pflanzflächen sollen ja 2 Spatenstich tief gelockert werden. Bei etwas leichteren Böden ist eine Grabegabel vorzuziehen. Mit ihr werden beim Graben auszusammelnde Rhizome und Wurzeln nicht zerschnitten und lassen sich dann leichter absammeln.

Zur weiteren Bearbeitung im Rosenjahr ist eine Rosengabel sehr hilfreich. Die Rosengabel ist schlanker als eine Grabegabel, so daß man einfacher zwischen die Pflanzen kommt. Rosengabeln werden mit 2 und mit 3 Zinken angeboten. Mit ihnen kann leicht zwischen den Pflanzen gelockert werden, ohne die Triebe zu verletzen, da von oben gearbeitet wird und nicht schräg wie bei einer Hacke.

Als Schneidewerkzeuge verwenden Sie eine Rosenschere und für besonders dickes Holz bei alten Sträuchern eine Astschere. Besonders hilfreich ist eine Blumenschere, auch Präsentierschere genannt, um verblühte Blüten auszuschneiden bzw. Blumen für die Vase zu schneiden. Alle diese Schneidewerkzeuge sollten gut scharf und immer sauber sein.

Wer selber Rosen durch Stecklinge vermehren will, verwendet dazu ein Stecklingsmesser, zum Rosenveredeln ein Okuliermesser. Beide sollten rasierklingenscharf sein, damit die Schnitte glatt und nicht verzogen werden.

Ein hilfreiches Werkzeug ist außerdem der Wildenstecher, mit dem Wildtriebe unter der Erde leicht ausgestochen werden können. Das Messer am Ende des Schafts sollte immer gut scharf sein.

Kletterhilfen und Stützen

Kletterrosen und Rambler brauchen eine Kletterhilfe. Hierfür gibt es eine Vielzahl von Möglichkeiten. Vor allem bei den Kletterrosen müßten die Kletterhilfen eigentlich Formhilfen genannt werden, denn eine Kletterrose muß laufend geformt und gebunden werden, damit sie nicht verkahlt und reich blüht. Diese Hilfen können aus Draht, Metallstäben und Leitern oder aus Holz sein. Für Rambler werden weniger Sprossen benötigt, da sie schnell und oft von alleine klettern und wieder überhängen, im Laufe der Jahre eine richtiges Gebüsch bilden und sich dann selbst tragen. Diese starkwachsenden Sorten werden jährlich nur wenig ausgeschnitten und von altem Holz befreit. Vor allem wenn sie in Bäume wachsen und diese als Kletterhilfe verwenden, kann man diese Pflanzen oft einige Jahre lang sich selbst überlassen. Durch enorm starkes Wachstum überwuchern sie den Baum, was sogar zum Absterben des Baumes führen kann. Nicht selten erhalte ich Hilferufe von Gartenbesitzern, die von 'Paul's Himalayan Musk Rambler' gestreßt sind: 20 m und mehr, die Haustüre geht kaum noch auf. Da helfen nur noch ganz starkes Schneiden und ein guter Häcksler. Der starke Schnitt regt jedoch das Längenwachstum erst richtig an, so daß eine solche Pflanze dann leicht einjährige Triebe mit einer Länge bis zu 10 m bilden kann.

Klettergerüste an Wänden oder Rosenbögen müssen in jedem Fall stabil und kräftig gebaut und verankert sein. Die Pflanze, die daran hochwächst, wird sehr schwer, vor allem, wenn das Gewicht noch vom Regen erhöht wird.

Für Hauswände eignen sich Metall oder stabile Holzspaliere, die aber mindestens 30 bis 50 cm von der Hauswand entfernt stehen sollten. Auch

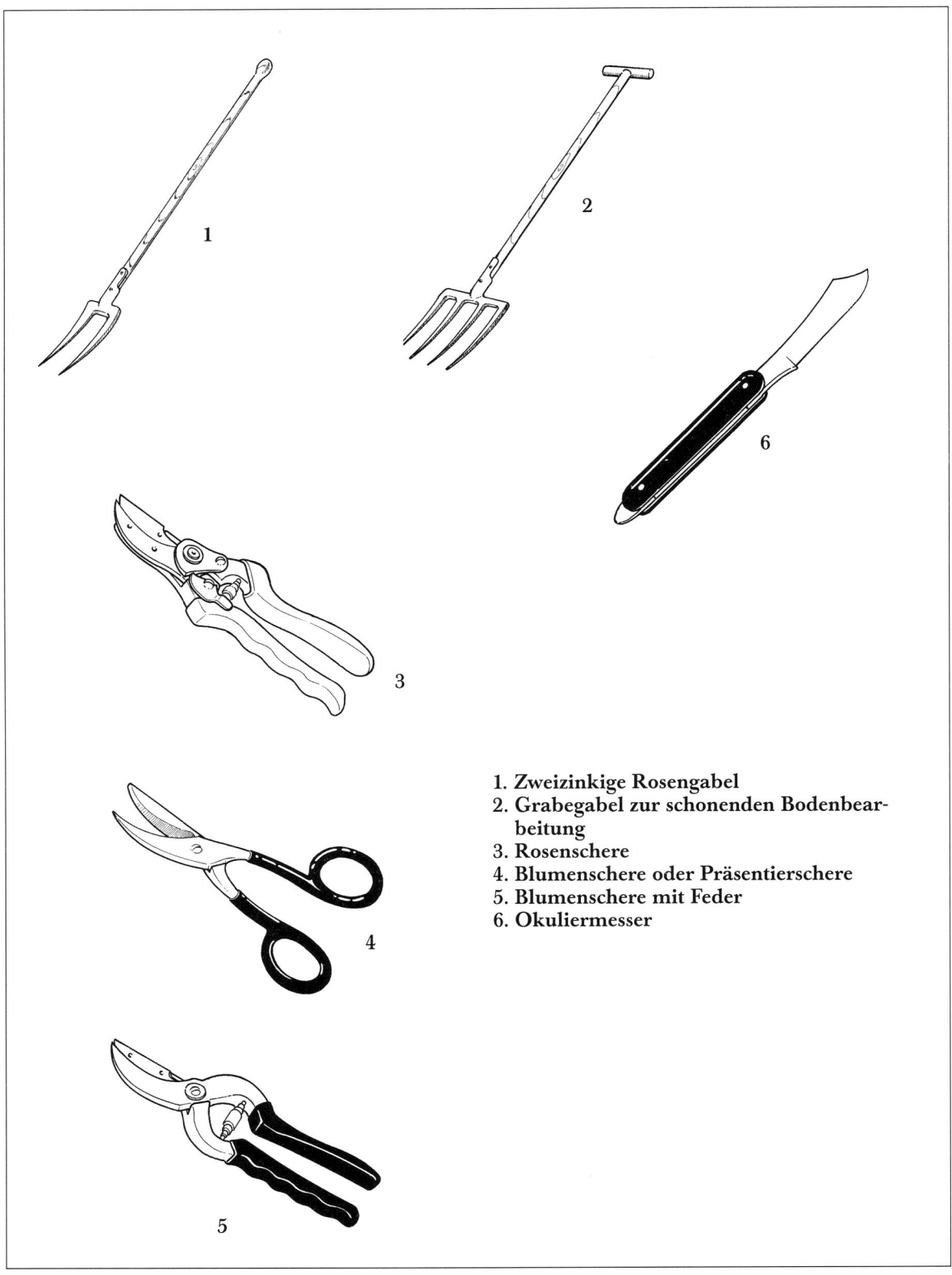

1. Zweizinkige Rosengabel
2. Grabegabel zur schonenden Bodenbear-
   beitung
3. Rosenschere
4. Blumenschere oder Präsentierschere
5. Blumenschere mit Feder
6. Okuliermesser

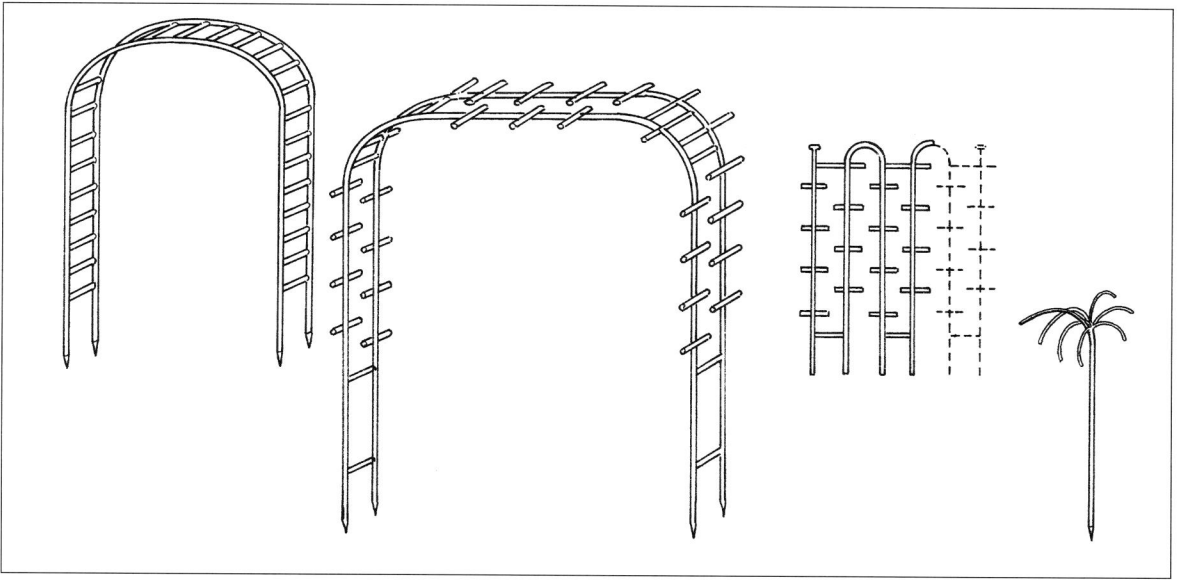

**Verzinkte Rosenbögen und Rankwände sind haltbare Rankhilfen für Kletterrosen und Rambler.
Rechts: Kaskadenrosenstütze zum Formen von Kleterrrosen auf Stamm.**

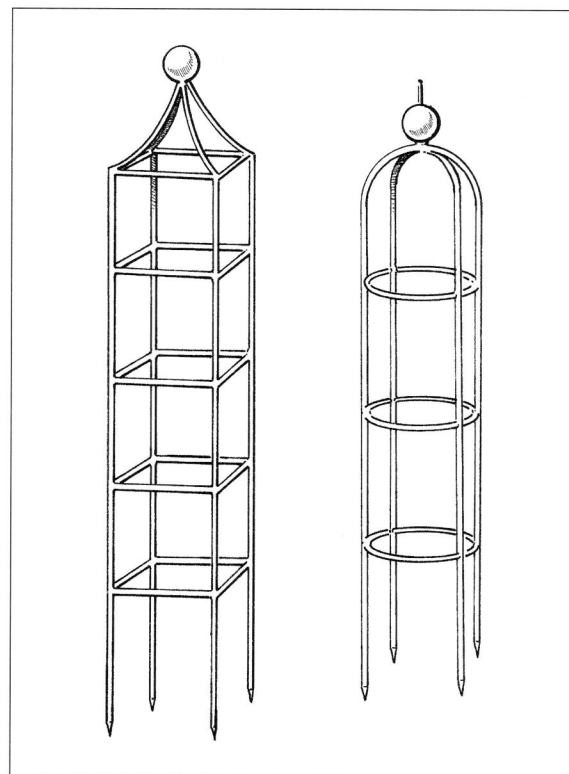

Rankhilfe für Kletterrosen, die zu Säulen erzogen werden.

aus Edelstahlseilen gebaute netzähnliche Kletterhilfen sind langlebig, vor allem für die Rambler.

Im Garten sind Pergola oder Rosenlaube wertvolle Gestaltungshilfen zum Erschließen der dritten Dimension. Dreiböcke aus Pfählen sollten gut einen halben Meter im Boden verankert sein, um dem Winddruck standzuhalten. Man gibt ihnen genügend Sprossen, damit Kletterrosen auch im Rund gebunden werden können.

Einige Rosen brauchen eine Stütze: die Hochstammrosen und die Kaskadenrosen. Bei Hochstammrosen reicht ein Holzpfahl, der gleich beim Pflanzen in den Boden getrieben wird. Auch dekorative Metallstäbe mit einem Knauf oder einer Lilie sind geeignet und können sogar noch Gestaltungselemente sein.

Kaskadenrosen bekommen einen Stab, der bis in die Krone reicht. Arme oder Ringe helfen, die Krone der Pflanze zu formen, und die jungen Triebe können so leicht heruntergebunden werden. Denn öfterblühende Kletterrosen stehen meist wie ein Besen auf dem Stamm und bilden nur unwillig Kaskaden, wenn nicht nachgeholfen wird. Die meist einmalblühenden Rambler

117

hängen mit ihren dünnen, weichen Trieben von alleine runter.

Materialien für Kletterhilfen

- Holz, rund oder kantig, Pfähle
- Metall verzinkt
- Edelstahlseile

Töpfe, Kübel

Materialien für Töpfe oder Kübel

- Holz
- Ton, Steingut
- Beton

Die Grundstücke für Häuslebauer werden immer kleiner und oft sind sie so geschrumpft, daß nur noch eine Terrasse übrigbleibt. Rosenliebhaber haben dann nur noch die Möglichkeit, ihre Lieblinge in Kübeln, Töpfen oder Kästen zu pflanzen.

Dafür können alle Materialien verwendet werden, die Behältnisse sollten jedoch ausreichend Platz für die Wurzel haben und der jeweiligen Sorte angepaßt sein. Kletterrosen und Strauchrosen brauchen ein viel größeres Gefäß als Edel- oder Zwergrosen. Die Kübel sollten standfest sein, damit nicht gleich jeder Windstoß die Pflanze umwirft. Die Wandungen sollten möglichst dick sein, damit nicht schon bei geringen Frösten Schäden an den Wurzeln eintreten.

Große Kübel, die im Winter nicht eingeräumt werden können, sollten schon beim Bepflanzen innen eine Styroporauskleidung erhalten.

Alle Sorten lassen sich so mit der nötigen Pflege über viele Jahre hinweg kultivieren. Der Standort sollte sonnig und luftig, jedoch nicht zu heiß sein. Kleinere Kübel und Töpfe sollten im Winter in einen ungeheizten Raum gebracht werden, der nicht unbedingt frostfrei sein muß. Es eignen sich Gartenlauben, kalte Keller, Garagen

u. ä. Die Töpfe sollten auch im Winter unter Beobachtung stehen, um ein völliges Austrocknen auszuschließen. Zum Schutz gegen Durchfrieren können die Töpfe auch im Garten eingegraben und mit Laub angehäufelt werden.

Auf die gleiche Weise können Rosenstämme überwintert werden. Wenn kein Überwinterungsraum vorhanden ist, werden sie im Garten umgelegt und dick mit Laub eingepackt.

Schon im März werden die Pflanzen wieder aus dem Winterquartier geholt und zurückgeschnitten oder ausgelichtet, und es wird eine Grunddüngung vorgenommen. Zur Düngung in Töpfen eignet sich Osmocote am besten. Der ummantelte Dünger gibt den ganzen Sommer Nährstoffe ab, und es braucht nicht immer wieder nachgedüngt zu werden. 1,5 g pro Liter Erdvolumen reichen aus.

Gepflanzt wird im zeitigen Frühjahr. Bei wurzelnackten Pflanzen sollte eine ungedüngte Erde verwendet werden (im Handel als Pikiererde erhältlich), keinesfalls eine gedüngte Balkonblumenerde; die Rosen bekämen sonst Verbrennungen an der Wurzel und würden nur kurz oder gar nicht austreiben: die Wurzel wird braun, und die Triebe sterben ab. Werden Containerrosen oder wurzelechte Rosen aus Topfballen gepflanzt, kann nomale Erde genommen werden. Die Pflanzen sollten immer gleichmäßig feucht gehalten werden, jedoch nicht „mit den Füßen im Wasser stehen", was bei Töpfen mit hohen Untersetzern oft der Fall ist.

Rosenkugeln

Weit verbreitet sind diese Glaskugeln im alpenländischen Raum. Sie werden dort auch Hexenkugeln genannt und wurden aufgestellt, um Hexen und Geister zu vertreiben und Unwettergeister aus den Gärten fernzuhalten. Auch als Krähenkugeln wurden sie viel in Blumenrabatten gestellt. Die blendende Kugel soll Krähen und Habichte fern halten. Heute werden sie meist als Zierde passend zu den Rosenfarben arrangiert. Sie werden aus verspiegeltem Glas in allen Farben gefertigt, außerdem aus Keramik mit vielen eingearbeiteten Ornamenten.

Rosen zum Anstecken

Die frische Rose am Busen war eine Mode des Rokoko. Diese Mode lebt heute wieder auf. Das kleine Väschen mit gebogenem Hals kann in das Knopfloch oder in die Brusttasche gesteckt werden. Mit ein wenig Wasser halten sich die Blüten frisch. Verwendet werden kleine Blüten mit dünnen Stielen. Ideal sind 'Cécile Brunner', 'Perle d'Or' und 'Little White Pet', um nur einige zu nennen, denn diese Chinarosen haben das ganze Rosenjahr hindurch Blüten.

Rosen als Schnittblumen

Die Haltbarkeit von Schnittrosen kann durch verschiedene Maßnahmen verbessert werden. Diese Regeln gelten praktisch für alle Schnittblumen.

1. Rosen niemals in der Sonnehitze oder bei schwülem Wetter schneiden. Der Schnitt nach Sonnenuntergang liefert die haltbarsten Blumen.

2. So rasch wie möglich die abgeschnittenen Rosen ins Wasser stellen. Dafür ein sauberes Gefäß mit frischem Wasser in Beetnähe im Schatten bereithalten. Die erste Behandlung unmittelbar nach dem Schnitt entscheidet über die Haltbarkeit.

3. Beim Einstellen der Rose in die Vase die Stielenden mit einem scharfen Messer mit einem langgezogenen schrägen Schnitt frisch anschneiden, so daß die einzelnen Leitungsbahnen der Stiele eine ovale Öffnung erhalten. Dies mindert die Gefahr, daß die ursprünglich runden, sehr kleinen Öffnungen an der Ansaugfläche rasch durch Pilze oder Bakterien im Wasser verkleben. Verschmutztes Wasser mindert entscheidend die Haltbarkeit.

4. Falls vorhanden, Blumenfrischhaltemittel in der vorgeschriebenen Dosierung benutzen. Fast alle diese Mittel haben pilz- und bakterientötende Eigenschaften, ähnlich einem Kupfergefäß; wobei aber der alte Kupferpfennig gut gemeint ist, aber nicht ausreicht.

5. Vasen grundsätzlich nach der Benutzung in der Spülmaschine reinigen, falls die Gefäßgröße dies zuläßt. Sonst sofort nach dem Entleeren sorgfältig mit Spülmittel auswaschen.

6. Schnittrosen haben oft junge Austriebe aus den Blattachseln. Man sollte diese durch Ausbrechen entfernen. Die Zellen des jungen Laubes sind noch weich und haben kaum einen Verdunstungsschutz entwickelt. Das Wasser, das sie in weit größerem Maß als ausgereiftes Laub abgeben, muß zusätzlich aufgesaugt werden und erreicht somit nicht die Blüte.

7. Vasen mit Rosen niemals in die Sonne stellen, auch Plätze unmittelbar unter Strahlern verkürzen die Lebenszeit, da erhöhte Temperatur immer erhöhten Wasserbedarf bedeutet. Ein kühler Platz über Nacht auf einer breiten Fensterbank zwischen Gardine und Scheibe verlängert die Haltbarkeit.

8. Rechtzeitig Wasser nachfüllen. Erblühte Blumen verbrauchen weit mehr Flüssigkeit als Knospen.

9. Alle abgeschnittenen Pflanzenteile, auch Obst und Gemüse, erzeugen, je weiter die Reife fortschreitet, Äthylen, ein gasförmiges Pflanzenhormon, das „ansteckend“ wirkt. In der Nähe befindliche Pflanzen beschleunigen ebenfalls ihren Reife-, bzw. Welkevorgang. Deshalb Sträuße möglichst entfernt von Obst aufstellen und verwelkte Blumen sofort entfernen.

Übersicht der Rosengruppen

R. × alba

Die „Weiße Rose" ist eine der ältesten Gartenrosen und war schon zur Zeit der Griechen und Römer, der Antike, in Kultur. Die frühesten Formen entstanden vermutlich als Naturhybriden aus R. canina und der Damaszenerrose in Südeuropa bzw. Kleinasien.

Die Formen der R. × alba zeichnen sich durch einen kräftigen Wuchs aus. Sie wachsen buschig, sind oft überhängend und sehr winterhart. Das leicht graugrüne Laub ist recht anspruchslos, es ist in heißen Sommern empfindlich gegen Rostkrankheiten. Die Pflanze überwächst den Schaden aber meist schon mit einem kräftigen Herbsttrieb. Ausnahmslos gut duftend sind alle Blüten der R. × alba. Viele sind gut gefüllt und haben einen gleichmäßigen Blütenaufbau, sie sind weiß bis zartrosa. Die Blütezeit liegt zwischen Anfang Juni und Ende Juli.

Besonders hervorzuheben ist die gute Eignung für kalte und hohe Lagen, leichten Halbschatten und Heckenpflanzungen.

Sortenname (Züchtungsjahr)	Farbe	Duft	Blütezeit M J J A S O N	Winterhärte	Höhe und Breite (m)
'Céleste' seit 1759	zartrosa	***		++++	2 × 1,5
'Félicité Parmentier' 1836	zartrosa	***		++++	1,5 × 1,5
'Königin von Dänemark' 1816	tiefrosa	**		++++	1,5 × 1,5
'Maiden's Blush'	zartrosa	**		++++	1,5 × 1,5
'Maxima' etwa 15. Jh.	weiß	**		++++	2,5 × 2
'Mme Plantier' 1835	weiß	**		++++	2,5 × 2
'Pompon Blanc Parfait' 1867	rosé-weiß	**		++++	1,5 × 1,2
'Suaveolens' vor 1750	weiß	**		++++	2,5 × 2

R. × damascena

Die Damaszenerrosen sind in Kleinasien entstanden und waren schon 1000 v. Chr. auf der Insel Samos bekannt. Bei den Damaszenerrosen unterscheidet man in sommerblühende, die wahrscheinlich von *R. gallica* und *R. phoenicia* abstammen, und die zweimalblühenden „Herbstdamaszenerrosen" die vermutlich aus einer Kreuzung von *R. gallica* und *R. moschata* entstanden sind.

Die Abstammung von der robusten *R. gallica* und einer Kletterrose als anderem Elternteil ist vor allem bei den älteren Sorten an dem kräftigen Wuchs mit langen, bogigen Trieben zu erkennen. Die blaßgrünen, weichen Blätter haben 5 bis 7 Blättchen, sie sind oben glatt und auf der Unterseite leicht behaart. Blütenstiele und Blütenkelche sind drüsig klebrig. Das Farbspektrum der leicht bis stark gefüllten Blüten reicht von reinem Weiß bis zu Purpur. Fast alle Sorten besitzen den schweren Duft, der den Damaszenerrosen eigen ist.

Sortenname (Züchtungsjahr)	Farbe	Duft	Blütezeit M J J A S O N	Winterhärte	Höhe und Breite (m)
'Blush Damask'	zartrosa	**	J J	+++	1,2 × 1,2
'Coralie' 1900	reinrosa	***	J J	+++	1,5 × 1,2
'Ispahan' vor 1832	seidigrosa	***	M J	++++	1,5 × 1,2
'Jacques Cartier' 1868	tiefrosa	***	M J J · S ·	+++	1,5 × 1,5
'Leda' 1827	rahmweiß	***	M J	+++	1,2 × 1,2
'Marie Louise' 1813	tiefrosa	***	J	++	1,2 × 1,2
'Mme Hardy' 1856	reinweiß	**	J	+++	1,8 × 1,2
'Petite Lisette' 1817	silbrigrosa	*	J	+++	1,5 × 1,2
'Pink Leda' 1927	rosa	***	J	+++	1,2 × 1
'Quatre Saisons'	reinrosa	*	J J A S	+++	1,2 × 1,5
'Quatre Saisons Blanc Mousseux'	weiß	**	J A S	+++	1,2 × 1,5
'Rose de Resht' 1950 eingef.	purpurrot	***	J A S	+++	1 × 1
'Trigintipetala' 1989	rosa	***	M J	+++	2 × 1,5
'York and Lancaster' 1551	rosa-weiß	**	M J	+++	1,5 × 1,5

Die Portland-Rosen

Eine weitere Variante der Damaszenerrosen entstand Ende des 18. Jahrhunderts in Italien. Die erste Portland-Rose hatte einen süßen Duft und die bis dahin unbekannte Eigenschaft, bis in den Herbst nachzublühen. Sie entstand vermutlich aus einem Sämling von *R. × damascena* 'Bifera' × *R. gallica* und einer *R. chinensis* 'Semperflorens'.

Der Legende nach wurde sie von der Herzogin von Portland nach England gebracht und ihr zu Ehren als 'Duchess of Portland' benannt. Sie wurde zur Stammform einer neuen Rosenklasse, die im 19. Jahrhundert überaus beliebt war und auch heute noch die Lieblingsrosen von Sammlern Alter Rosen sind. Sie gehören zu den Ahnen unserer heutigen Edelrosen.

Die guten Eigenschaften – kompakter, niedriger Wuchs, andauernde Blüte in zartrosa bis leuchtend karminrot und der wunderbare Duft – machen sie vor allem auch für kleine Gärten besonders wertvoll. Auf Stämmen veredelt bilden sie runde, dichte Kronen.

Sortenname (Züchtungsjahr)	Farbe	Duft	Blütezeit M J J A S O N	Winterhärte	Höhe und Breite (m)
'Arthur de Sansal' 1855	karminrot	**	▬ ▬ ▬	+++	1 × 1
'Comte de Chambord' 1860	rosa	***	▬ ▬ ▬	+++	1,2 × 1
'Mme Boll' 1850	rosa	***	▬ ▬	+++	1,2 × 1
'Mme Knorr' 1855	rosa	***	▬ ▬	+++	1 × 1
'Portland' etwa 1700	hellrot	**	▬	+++	1 × 1,2
'Rose du Roi' 1816	karminrot	***	▬ ▬	+++	1,2 × 1
'Rose du Roi à Fleurs Pourpres' 1819	purpur	***	▬ ▬	+++	1 × 1

R. gallica

Die „Gallische Rose" ist in Mitteleuropa heimisch und ist eine Stammmutter der alten Gartenrose. Ihre Urform, die *R. gallica* 'Pumila', gab vielen Gallica-Rosen ihren vorzüglichen Duft. Die *R. rubra,* Provins-Rose, Gallische oder Französische Rose oder auch Essigrose genannt, spielte vor allem im Mittelalter mit der Sorte 'Officinalis', der „Apothekerrose", eine besondere Rolle. Alle Pflanzenteile, von der Wurzel bis zur Blüte, wurden verwendet. Rosenöl wurde aus der Blüte gewonnen.

Die Rosenbüsche zeichnen sich durch große Robustheit und Winterhärte aus. Sie blühen einmal im Sommer, wachsen kompakt und buschig mit meist überhängenden Trieben. Die Triebe sind besetzt mit kleinen, ungleichen Stacheln. Das Blattwerk ist derb und ledrig, meist doppelt gesägt. Die Blattstiele sind drüsig borstig, auch die Hagebutten sind zunächst mit drüsigen Borsten besetzt. Die Farben der Sorten reichen von Rosa bis Karmin und Purpur.

Name (Züchtungsjahr)	Farbe	Duft	Blütezeit M J J A S O N	Winterhärte	Höhe und Breite (m)
'Aimable Rouge' vor 1800	samtig rot	***	▬▬	+++	1,2 × 1,2
'Belle de Crécy' vor 1848	kirschrot	**	▬▬	+++	1 × 1
'Belle Isis' 1845	seidigrosa	***	▬▬	+++	1,2 × 1,2
'Belle sans Flatterie' 1820	violettrosa	**	▬▬	+++	1 × 1,2
'Camaieux' 1830	zartrosa	*	▬▬	+++	1,2 × 1
'Cardinal de Richelieu' 1840	violett	**	▬▬	+++	1,5 × 1,2
'Charles de Mills'	karminrot	***	▬▬	+++	1,5 × 1,2
'Complicata'	leuchtend-rosa	*	▬▬	+++	2 × 2
'Conditorum'	purpurrot	*	▬▬	+++	1,2 × 1,2
'Duc de Guiche' 1810	karmin-rosa	**	▬▬	+++	1,5 × 1,5
'Duchesse de Montebello' 1829	hellrosa	*	▬▬	+++	1,5 × 1,5
'Gloire de France' 1819	rosa	*	▬▬	+++	1,5 × 1,2
'Gloire des Jardins' vor 1815	violett	***	▬▬	+++	1,2 × 1,2
'Hippolyte' 19. Jh.	purpurrot	*	▬▬	+++	1,5 × 1,5
'James Mason' 1982	weinrot	**	▬▬	+++	1,5 × 1,2
'Officinalis' vor 1310	rot	***	▬▬	+++	1,5 × 1,5
'Président de Sèze' vor 1836	purpur-rosa	**	▬▬	+++	1,5 × 1,5
Rosa gallica	rosarot	**	▬▬	+++	0,6–1,5

Fortsetzung

Sortenname (Züchtungsjahr)	Farbe	Duft	Blütezeit M J J A S O N	Winterhärte	Höhe und Breite (m)
'Sissinghurst Castle' 1947	purpur-karmin	*	▬	+++	1 × 1,2
'Tuscany' 1596	dunkelrot	*	▬	+++	1,5 × 1,2
'Versicolor' etwa 1583	karmin-weiß	**	▬	+++	1,2 × 1,2
'Violacea' 18. Jh.	dunkelrot	*	▬	+++	1,8 × 1,5

R. lutea (ursprünglich R. foetida)

Ihre Heimat erstreckt sich von Kleinasien bis zum Nordwesthimalaya. Bei uns wird sie „Fuchs-Rose" genannt, da sie einen etwas unangenehmen Fuchsduft hat. Aus ihren Varietäten entstanden fast alle modernen gelben und orangefarbenen Gartenrosen. Leider vererbten sie diesen auch ihre Anfälligkeit für Sternrußtau.

Die Büsche haben braune, schlanke Stämme mit ungleichgroßen, geraden Stacheln. Das Laubwerk ist reichlich, zierend, klein, fast farnartig. Es ist an der Oberseite glatt und glänzend, unten und am Rand mit wohlriechenden Drüsen besetzt. Besonders wertvoll ist diese Gruppe wegen der überreichen und sehr zeitigen Blüte und ihrer sehr guten Winterhärte.

Name (Züchtungsjahr)	Farbe	Duft	Blütezeit M J J A S O N	Winterhärte	Höhe und Breite (cm)
'Persian Yellow' 1837	goldgelb	*	▬	+++	1,5 × 2
R. lutea	reingelb	*	▬	+++	2 × 1,5
'Bicolor' 1590	orange-gelb	*	▬	+++	1,2 × 1
'Soleil d'Or' 1900	gelborange				1 × 1

R. pimpinellifolia

Die „Bibernellrose" oder „Dünen-Rose" gehört zu den ältesten Kulturrosen von Europa bis Asien. Die vielen Kultursorten haben einen ausgesprochenen Wildrosencharakter und sind durch das feinfiedrige, dunkle Laub sehr dekorativ. Einige Sorten haben ein prächtiges Herbstlaub. Rosen dieser Gruppe sind auch auf sandigen und ärmeren Böden gut zu verwenden, wenn sie wurzelecht vermehrt wurden.

Die Büsche sind meist 1 bis 2 m hoch und sehr dichttriebig. Die Zweige sind bräunlich mit geraden Stacheln und Borsten. Die 5 bis 9 Blättchen sind klein, rundlich, dunkelgrün und unbehaart. Sie blühen schon im frühen Sommer und bilden kugelige, glatte, schwarze Hagebutten.

Name (Züchtungsjahr)	Farbe	Duft	Blütezeit M J J A S O N	Winterhärte	Höhe und Breite (m)
'Carnea Plena'	lachsrosa	**	▬	+++	1,2 × 1,2
'Double Yellow'	goldgelb	*	▬	+++	1,5 × 1,5
'Glory of Edzell'	hellrosa-weiß	*	▬	+++	1,5 × 1,2
'Lutea'	gelb	*	▬	+++	0,9 × 1
'Repens'	hellgelb	*	▬	+++	0,5 × 1
R. pimpinellifolia	hellgelb	*	▬	+++	1,2 × 1,2
'Single Red'	rot	*	▬	+++	1,5 × 1
'Stanwell Perpetual' 1838	zartrosa	*	▬ ▬ ▬ ▬	+++	1,5 × 1,5

R. × centifolia

Die „hundertblättrige" oder „Kohlrose", wie sie auch genannt wird, war nicht – wie früher angenommen – schon den alten Griechen und Römern bekannt. Sie entstand etwa bis Ende des 16. Jahrhunderts in Holland als eine komplexe Kreuzung von *R. gallica, R. moschata, R. canina* und *R. × damascena*. Eine Untergruppe bilden die Moosrosen. Von diesen entstanden die meisten Sorten und Formen bis 1850.

Auf vielen Gemälden der flämischen Meister sind sie wiederzufinden, denn sie fanden rasch die Begeisterung durch ihre unvergleichlich gefüllten und üppigen Blüten. Der Wuchs ist vergleichbar mit denen der *R. gallica,* nur stärker und höher. Dazu sind alle Zentifolien sehr winterhart. Die Blätter sind groß, quergerunzelt und grobgesägt. Die unteren Blattflächen sind mit feinen, angenehm duftenden Drüsen besetzt. Die Blattstiele sind stachellos und die Blütenstiele lang und scharf borstig. Die große Fülle der dichtgefüllten, süß duftenden Blüten von feinstem Weiß, Rosa bis Dunkelrot und Purpur machen diese alten Bauernrosen so beliebt.

Sortenname (Züchtungsjahr)	Farbe	Duft	Blütezeit M J J A S O N	Winterhärte	Höhe und Breite (m)
'Bullata' 16. Jh.	rosa	**		+++	1,8 × 1,5
'Cristata' 1827	silbrigrosa	**		+++	1,5 × 1
'Fantin Latour' 19. Jh.	rosa	***		+++	2 × 1,5
'Juno' 1832	weiß-rosa	**		+++	1,5 × 1,5
'Parvifolia' 1664	violettrosa	*		+++	1 × 1
'Petite de Hollande' vor 1800	rosa	**		+++	1 × 1
'Pompon de Bourgogne' 1830	zartrosa	**		+++	0,7 × 0,7
'Reine des Centfeuilles' 1824	reinrosa	*		+++	1,5 × 1,2
'Rose de Meaux' vor 1789	rosa	*		+++	0,8 × 0,8
'Rose de Meaux White', unbekannt	weiß	*		+++	0,8 × 0,8
'Rose des Peintres', unbekannt	rosa	**		+++	1,8 × 1,2
'Spong' 1805	rosa	*		+++	1 × 0,9
'Vierge de Clery' 1775	weiß	**		+++	1,5 × 11,5

R. × centifolia 'Muscosa'

Moosrosen sind seit dem Ende des 17. Jh. bekannt. Sie entstanden als spontane Abänderung an Zentifolien. Sie gleichen diesen in Wuchs und Belaubung, die Blütenstiele, der Fruchtknoten und die Kelchblätter sind jedoch mit moosartigen Drüsen dicht besetzt. Dieses grüne bis bräunliche „Moos" gab ihnen den Namen und verleiht ihnen den besonderen Reiz.

Sortenname (Züchtungsjahr)	Farbe	Duft	Blütezeit M J J A S O N	Winterhärte	Höhe und Breite (m)
'Alfred de Dalmas' 1855	weiß	**	J–O (nachblühend)	+++	1,2 × 0,8
'Blanche Moreau' 1880	weiß	**	J	++++	1,5 × 1,2
'Captain John Ingram' 1856	dunkelpurpur	***	J	++++	1,2 × 1,2
'Eugenie Guinoisseau' 1864	purpurviolett	**	J–O (nachblühend)	+++	1,8 × 1,5
'Général Kléber' 1856	rosa	*	J	+++	1,5 × 1,5
'Henri Martin' 1863	purpurkarmin	*	J	+++	1,5 × 1,8
'James Veitch' 1864	karminrot	*	J	+++	1 × 1
'Laneii' 1843	karminrosa	***	J–A	+++	1,5 × 1,5
'Muscosa' 17. Jh.	rosa	**	J	++++	2 × 1,5
'Nuits de Young' 1845	violettbraun	**	J	+++	1,2 × 1
'Salet' 1854	rosa	**	J–O (nachblühend)	+++	1,4 × 1,3
'Sophie de Marsilly' 1863	rosa	**	J, S	++++	1,4 × 1,2
'William Lobb' 1855	purpurrot	**	J	++++	2,5 × 2

R. chinensis
(syn. R. indica semperflorens)

Etwa um 1800 wurde die in Indien und China weitverbreitete Gruppe von Rosen in Europa eingeführt. Ihre besonderen Vorzüge sind die Blütenbildung am jungen Holz, wodurch sie zuverlässig bis zum Spätherbst nachblühen. Diese „Chinarosen" oder „Bengalrosen" waren ideale Kreuzungspartner für die hier vorhandenen Rosen. Heute ist ihr „Blut" in allen modernen Rosen zu finden. Bengalrosen sind feintriebige, oft etwas spärlich belaubte Büsche, die aber auch in unseren Breiten überraschend winterhart sind. Die Blüten sind klein bis mittelgroß und bringen lebhafte Farben mit. Die Rosen dieser Gruppe eignen sich besonders gut für Kübel, Staudenrabatten oder kleinere Gartenteile.

Sortenname (Züchtungsjahr)	Farbe	Duft	Blütezeit M J J A S O N	Winterhärte	Höhe und Breite (m)
'Arethusa' 1903	gelb-apricot	*		++	0,9 × 0,8
'Hermosa' 1840	rosa	**		++	0,9 × 0,9
'Little White Pet' 1879	weiß	**		++	0,5 × 0,5
'Cécile Brunner' 1881	zartrosa	**		++	1 × 0,8
'Mutabilis' 1932	gelb-orange-karmin	*		++	1,5 × 1,5
'Old Blush' 1789	rosa	*		++	1,5 × 1
'Perle d'Or' 1848	gelb-orange	**		++	1,2 × 1
'Pourpre'	purpurrot	*		++	0,5 × 0,4
'Rouletii' 1815	rosa	*		++	0,3 × 0,2
'Viridiflora' 1855	grün	*		++	0,8 × 0,5
'White Cécile Brunner' 1909	weiß	**		++	1,2 × 0,6

Noisette-Rosen (*R.*-Noisettiana-Hybriden syn. R. indica noisettiana)

Die erste Noisette-Rose entstand Anfang des 19. Jh. in South Carolina, wo der Reispflanzer John Champney die *R. moschata* mit der 'Parson's Pink China' kreuzte. Einer der Sämlinge wurde 'Champney's Pink Cluster' genannt und von seinem Nachbarn Philippe Noisette vermehrt.

Ein sehr starker Wuchs und teilweise sehr lange und kletternde Triebe sind die Vorzüge der Noisette-Rosen. Die glatten Triebe sind nur einzeln mit hakenförmigen Stacheln besetzt. Die Blattstiele sind drüsig und stachelig. Das Blatt ist groß und scharf gesägt, oben glänzend und unten mattgrün. Der Blumenstiel ist dünn. Die meisten Sorten haben zartfarbene Blüten, die in Büscheln stehen. Einige Sorten benötigen einen guten Winterschutz oder ein Kalthaus.

Sortenname (Züchtungsjahr)	Farbe	Duft	Blütezeit M J J A S O N	Winterhärte	Höhe und Breite (m)
'Aimée Vibert' 1828	rosa	*		+	2 × 1,5
'Blush Noisette' 1817	zartrosa	**		+	2,5 × 1,5
'Bouquet d'Or' 1872	gelb-lachs	*		+	2,5 × 1,8
'Champney's Pink Cluster' 1811	rosa	***		+	3 × 2
'Maréchal Niel' 1864	gelb	***		+	4 × 2
'Meteor' 1887	karminrot	***		++	2 × 1,5
'Mme Alfred Carrière' 1879	weiß	*		++	4 × 2
'Multiflore de Vaumarcus' 1875	zartrosa	*		++	1,5 × 1

Teerosen (syn. R. indica fragrans)

Die erste „Teerose" erreichte Europa 1810. Aus Kanton in China wurde sie nach England gebracht. Im Jahr 1824 folgte eine weitere, gelbblühende Sorte, die man 'Parks Yellow Tea-scented China' nannte. Es war eine Naturkreuzung der *R. gigantea* mit der *R. chinensis,* die vor allem in China verbreitet war. Ihren Namen erhielten diese Rosen vermutlich wegen des feinen Duftes ihrer getrockneten Blütenblätter, die von den chinesischen Teepflanzern zum Veredeln ihres Tees verwendet wurden. Klare Pastellfarben und der besonders köstliche süße Duft machen diese Pflanzen so begehrt. So wurden sie vor allem in der zweiten Hälfte des vorigen Jahrhunderts eifrig in der Rosenzüchtung verwendet, bis schließlich 1867 die erste Teehybride erzielt wurde. Leider sind die meisten Teerosen nicht ausreichend frosthart und daher nur für Weinbauklima oder Kalthäuser geeignet.

Sortenname (Züchtungsjahr)	Farbe	Duft	Blütezeit M J J A S O N	Winterhärte	Höhe und Breite (m)
'Lady Hillingdon' 1910	orangegelb	***		++	1,2 × 1
'Mlle Franciska Krüger' 1880	gelb	**		+	2 × 2
'Niphetos' 1843	weiß	**		+	1,2 × 1,2

R. moschata

Die wahrscheinlich aus Indien oder Süd-China stammende ursprüngliche „Moschusrose" war in Südeuropa schon lange bekannt. Sie war eine Stammutter der ersten öfterblühenden Strauchrosen unseres Jahrhunderts, der Moschata-Hybriden, die nach ihren Züchtern auch Lambertiana- oder Pemberton-Rosen genannt werden.

Diese Rosen sind sehr dankbar und blühen unermüdlich in wunderschönen Pastelltönen. Die meisten Sorten strömen den intensiven moschusartigen Duft aus, der einen ganzen Garten erfüllen kann. Die ungefüllten Sorten mit kleinen Blüten in großen Ständen besitzen noch einen unverfälschten Wildrosencharakter und sind für Naturgärten besonders wertvoll.

Name (Züchtungsjahr)	Farbe	Duft	Blütezeit M J J A S O N	Winterhärte	Höhe und Breite (m)
'Ballerina' 1937	rosa-weiß	*		+++	1,2 × 1
'Buff Beauty' 1939	aprikosengelb	**		++	1,5 × 1,2
'Cornelia' 1925	zartrosa	*		++	1,5 × 1,3
'Danae' 1913	goldgelb	*		++	1,5 × 1,2
'Daybreak' 1918	hellgelb	*		++	1,2 × 1
'Felicia' 1928	lachsrosa	***		++	1,5 × 1,2
'Francesca' 1928	gelb	**		++	1,2 × 1,2
'Heideröslein' 1932	rosa-weiß	*		++	1,5 × 1,2
'Heinrich Conrad Söth' 1919	rosa-weiß	*		++	1,5 × 1,2
'Marie Jeanne' 1913	zartrosa	**		++	0,8 × 0,8
'Menja'	rosa	*		+++	1,2 × 1
'Moonlight' 1918	weiß	**		++	2 × 1,5
'Nur Mahal' 1923	karminrot	**		++	1,7 × 1,5
'Pax' 1918	weiß	***		++	1,5 × 1,5
'Penelope' 1924	lachsgelblich	**		++	1,3 × 1
'Prosperity' 1919	weiß	**		++	1,8 × 1,8
'Robin Hood' 1927	karminrot	*		++	1,5 × 1,2
R. moschata	weiß	**		++	3 × 2
'Trier' 1904	weiß	*		++	1,5 × 1,2
'Vanity' 1920	rosa	*		++	1,8 × 1,5

Bourbon-Rosen (R. borboniana)

Benannt ist diese Rosenklasse nach der Ile de Bourbon, heute Réunion, wo französische Siedler ihre Felder mit Rosenhecken zu begrenzen pflegten, für die sie *R. damascena* 'Bifera' und 'Parson's Pink China' verwendeten. Unter diesen Rosen wurde im Jahre 1817 ein auffälliger Sämling gefunden, dessen Samen nach Frankreich zum Gärtner des Herzogs von Orléans gesandt wurde. Aus einer Kreuzung der 2. Generation entstand die erste Bourbonrose, die schon ein Jahr nach ihrer Entstehung von Redouté portraitiert wurde.

Die meisten Bourbonrosen blühen mit kurzen Unterbrechungen von Juni bis in den Spätherbst. Einige Sorten erreichen den Höhepunkt ihrer Blüte im Spätsommer. Die wunderbar duftenden Blüten sind gefüllt und gleichmäßig im Aufbau. Sie wachsen sehr kräftig mit langen Trieben, die bogig überhängen oder klettern. Die hellen Triebe sind nur leicht mit kurzen, starken Stacheln besetzt. In kalten Lagen benötigen sie einen guten Winterschutz. Bourbonrosen decken die ganze Farbpalette von Weiß bis Dunkelpurpur ab.

Sortenname (Züchtungsjahr)	Farbe	Duft	Blütezeit M J J A S O N	Winterhärte	Höhe und Breite (m)
'Boule de Neige' 1867	weiß	***		++	1,5 × 1
'Charles Lawson' 1853	rosa	*		++	1,8 × 1,8
'Commandant Beaurepaire' 1874	rosa-rot gestreift	***		++	1,5 × 1,5
'Coupe d'Hébé' 1840	rosa	**		++	1,8 × 1
'Great Western' 1838	karminpurpur	**		+++	1,5 × 1,5
'Griseldis' 1895	rosa	*		+++	1,8 × 1,3
'Gros Choux d'Hollande' unbekannt	rosa	***		+++	2 × 1,5
'Gruß an Teplitz' 1897	rot	**		++	1,8 × 1,3
'Honorine de Brabant' unbek.	lilarosa	**		++	1,5 × 1,5
'Kathleen Harrop' 1918	hellrosa	**		++	2 × 1,5
'Louise Odier' 1851	rosarot	***		++	1,8 × 1,5
'Mme Ernest Calvat' 1888	rosa	***		++	2 × 2
'Mme Isaac Pereire' 1881	rosarot	**		++	2 × 2
'Mme Pierre Oger' 1878	weiß-rosa	**		++	2 × 1,5
'Prince Charles' unbek.	purpurkarmin	**		++	1,5 × 1,2
'Province Panachée' unbek.	rosa-lila-gestreift	*		++	1,8 × 1,5

Fortsetzung

Sortenname (Züchtungsjahr)	Farbe	Duft	Blütezeit M J J A S O N	Winter-härte	Höhe und Breite (m)
'Queen of Bourbons' 1835	rosa	***		+++	2,5 × 2
'Reine Victoria' 1872	rosa	**		++	2 × 1,5
'Souvenir de la Malmaison' 1843	zartrosa	***		++	0,6 × 0,5
'Variegata di Bologna' 1909	weiß-violett-gestreift	**		++	2 × 1,5
'Vivid' 1853	kirschrot	**		+++	1,8 × 2
'Zéphirine Drouhin' 1868	hellrot	**		++	3 × 2

Remontant-Rosen

An der Entstehung der Remontant-Rosen im vorigen Jahrhundert sind fast alle wichtigen Rosengruppen beteiligt, wie Portland-, Noisette- und Bourbon-Rosen. Entsprechend vielgestaltig ist diese Rosenklasse.

Die meisten Remontant-Rosen blühen öfter. Sie sind das Bindeglied zwischen den alten und den modernen Rosen. Viele sind im Wuchs den heutigen Teehybriden sehr nahe, doch andere Vertreter dieser Gruppe haben noch den starken überhängenden Wuchs. Die Farben der Blüten reichen von Reinweiß über Rosa bis Rotbraun. Die schönsten Purpurtöne sind auch heute noch hier zu finden.

Sortenname (Züchtungsjahr)	Farbe	Duft	Blütezeit M J J A S O N	Winter-härte	Höhe und Breite (m)
'Alfred Colomb' 1865	rot	**		+++	1,2 × 1
'American Beauty' 1875	rot	***		+++	1,8 × 1,2
'Anna de Diesbach' 1859	rosa	***		+++	1,5 × 1
'Baron Girod de l'Ain' 1897	karmin-weiß	***		++	1,3 × 1
'Clio' 1894	zartrosa	**		++	1,5 × 1,4
'Comtesse Cécile de Chabrillant' 1858	karmin-rosa	***		+++	1,3 × 1
'Druschki Rubra' 1929	kirschrot	**		+++	1,2 × 1
'Enfant de France' 1860	silbrigrosa	–		+++	1 × 0,8

Fortsetzung

Sortenname (Züchtungsjahr)	Farbe	Duft	Blütezeit M J J A S O N	Winterhärte	Höhe und Breite (m)
'Eugène Fürst' 1875	karminrot	***	▬▬▬▬▬▬	++	1,5 × 1
'Ferdinand Pichard' 1921	rosa-weiß gestreift	**	▬▬ ▪ ▬	++	1,5 × 1
'Frau Karl Druschki' 1901	weiß	–	▬▬▬▬▬▬	+++	1 × 1
'Général Jacqueminot' 1853	samtrot	***	▬▬▬▬▬	++	1,2 × 1
'Georg Arends' 1910	rosa	**	▬▬▬▬▬	++	1,8 × 1,2
'George Dickson' 1912	karmin	**	▬▬▬▬▬	++	1,5 × 1,8
'Heinrich Schultheis' 1882	rosa	***	▬▬▬▬▬	++	1,2 × 1
'Hugh Dickson' 1905	karminrot	***	▬▬▬▬▬	++	1,8 × 1,5
'La Reine' 1842	rosa	**	▬▬▬ ▪ ▬	++	0,9 × 0,6
'Mme Victor Verdier' 1863	hell karminrot	**	▬▬ ▪ ▬	++	2 × 1,5
'Mrs John Laing' 1887	silbrigrosa	**	▬▬▬▬▬	++	2 × 1,4
'Paul Ricault' 1845	tiefrosa	***	▬▬	++	1,5 × 1,5
'Prince Charles d'Aremberg' 1877	karmin-rosa	*	▬▬ ▪ ▪	++	1,5 × 1,3
'Prince Noir' 1854	dunkel-kirschrot	**	▬▬▬▬▬▬	++	1,8 × 1,3
'Reine des Violettes' 1860	dunkel-violettrot	**	▬▬▬	+++	1,5 × 1,5
'Roger Lambelin' 1890	rot-weiß	**	▬▬ ▪ ▬	++	1,2 × 1
'Ruhm von Steinfurth' 1920	rosarot	***	▬▬▬▬▬	++	1,2 × 0,8
'Sidonie' 1847	reinrosa	**	▬▬ ▪ ▬	++	1,2 × 1
'Souvenir d'Alphonse Lavallée' 1884	granatrot	**	▬▬ ▪ ▪ ▪	++	1,5 × 1,8
'Tom Wood' 1896	weinrot	**	▬▬ ▪ ▬	++	1 × 0,8
'Ulrich Brunner Fils' 1881	kirschrot	**	▬▬▬ ▪	++	1,8 × 1,3
'Vick's Caprice' 1893	rosa-weiß gestreift	**	▬▬▬ ▪ ▬	++	1,2 × 1

Edelrosen (Teehybriden)

1867 entstand mit 'La France' die erste Edelrose. Seitdem machte die Züchtung große Fortschritte und brachte Farben wie Orange hervor. Die Sorten und Blüten sollten immer haltbarer werden. Dabei wurde nicht mehr auf den Duft geachtet. So sind die meisten Sorten heute ohne Duft. Gleichmäßiger Wuchs und eine schnelle Nachblüte sowie lange haltbare Blüten waren die Züchtungsziele. Bei vielen Sorten ist auch eine gute Widerstandsfähigkeit gegen Sternrußtau gegeben. Eine Resistenz dagegen gibt es noch nicht.

Sortenname (Züchtungsjahr)	Farbe	Duft	Blütezeit M J J A S O N	Winterhärte	Höhe und Breite (m)
'Baronne Edmond de Rothschild' 1969	pinkrosa	***		++	1 × 0,5
'Dainty Bess' 1925	rosa	*		++	1 × 0,5
'Elina' 1984	zartgelb	*		++	1 × 0,5
'Gloria Dei' 1945	gelb-rosa	**		+++	1,2 × 0,5
'Gold Glow' 1959	goldgelb	**		++	0,8 × 0,5
'Ingrid Bergmann' 1984	dunkelrot	**		++	1 × 0,5
'Just Joey' 1972	kupfrig orange	***		++	1 × 0,5
'Kaiserin Auguste Victoria' 1891	weiß	***		++	0,8 × 0,5
'Königin der Rosen' 1964	kupfrig orange	***		++	1,2 × 0,5
'Lady Mary Fitzwilliam' 1882	rosa	***		++	1,2 × 0,6
'La France' 1867	rosa	**		++	1 × 0,6
'Landora' 1970	goldgelb	*		++	1,2 × 0,5
'Mabella' 1972	zitronengelb	**		+	1 × 0,5
'Mauve Melodee' 1962	purpur	***		++	0,8 × 0,5
'Michèle Meilland' 1945	weißlichrosa	**		++	1 × 0,5
'Mme Caroline Testout' 1890	lachsrosa	**		++	0,8 × 0,5
'Oklahoma' 1964	dunkelrot	***		++	1 × 0,5
'Papa Meilland' 1963	dunkelrot	***		++	1,2 × 0,5
'Purple Beauty' 1979	purpur	***		++	1 × 0,5

Fortsetzung

Sortenname (Züchtungsjahr)	Farbe	Duft	Blütezeit M J J A S O N	Winter-härte	Höhe und Breite (m)
'Roy Black' 1993	weiß	**		++	1 × 0,5
'Rouge Meilland' 1983	blutrot	**		++	1,2 × 0,5
'Sonia Meilland' 1971	lachsrosa	*		++	1 × 0,5
'Sutters Gold' 1950	gold-orange	***		++	1,4 × 0,5
'The Queen Elizabeth Rose' 1954	rosa	*		+++	1,4 × 0,5
'Trade Gris' 1966	graublau	**		++	1 × 0,5
'Virgo' 1947	weiß	*		++	1 × 0,5
'Whisky' 1967	bronze-gelb	**		++	1 × 0,5
'White Wings' 1947	weiß	*		++	0,9 × 0,5

Büschelblütige Rosen

Hierzu werden heute die Polyantha- und die Floribunda-Rosen gezählt. Unzählige Sorten sind seit Anfang des 20. Jahrhunderts entstanden. Sie präsentieren sich in allen Blütenformen und -farben. Ausdauernd blühend, oft bis in den späten Herbst, stellten sie viele Jahre lang die wichtigste Rosengruppe unseres Jahrhunderts dar. Ob einzeln oder in großen Gruppen werden sie gerne in der Gartengestaltung verwendet. Die Blüten, etwas kleiner als bei Edelrosen, stehen in großen Dolden oder Büscheln. Es ist die am reichsten blühende Rosengruppe, wenn die Blüten rechtzeitig nach dem Abblühen ausgeschnitten werden.

Sortenname (Züchtungsjahr)	Farbe	Duft	Blütezeit M J J A S O N	Winter-härte	Höhe und Breite (m)
'Allotria' 1958	orangerot	*		++	1 × 0,5
'Amber Queen' 1984	ambergelb	**		++	0,8 × 0,5
'Bonica '82' 1982	rosa	*		+++	0,7 × 0,7
'Chorus' 1975	zinnober-rot	*		+++	0,7 × 0,5
'Duftwolke' 1963	korallen-rot	***		++	0,8 × 0,5
'Frankfurt am Main' 1960	rosa	**		++	0,6 × 0,5
'Friesia' 1973	goldgelb	**		++	0,7 × 0,5

Fortsetzung

Sortenname (Züchtungsjahr)	Farbe	Duft	Blütezeit M J J A S O N	Winter-härte	Höhe und Breite (m)
'Gruß an Aachen' 1909	zartrosa	**		++	0,5 × 0,5
'Inge Schubert' 1994	rosenrot	*		++	0,7 × 0,5
'Lemon Yellow' 1977	gelb	**		++	0,6 × 0,5
'Lilli Marleen' 1959	dunkelrot	*		++	0,7 × 0,5
'Margaret Merril' 1977	weiß	***		++	0,6 × 0,5
'Marion' 1958	reinrosa	*		++	0,5 × 0,5
'Matthias Meilland' 1988	rotorange	*		++	0,7 × 0,5
'Montana' 1974	blutorangerot	*		++	0,6 × 0,5
'Muttertag' 1950	leuchtend rot	*		++	0,4 × 0,5
'Nina Weibull' 1961	rot	*		+++	0,5 × 0,5
'Orange Triumph' 1937	orangerot	*		+++	0,7 × 0,6
'Prince Igor' 1970	rot-gelb	*		++	0,5 × 0,5
'Rosa Gruß an Aachen' 1930	rosa	**		++	0,5 × 0,5
'Rosenau' 1961	dunkelrot	*		++	0,5 × 0,5
'Rosenmärchen' 1940	gelblichrosa	*		++	0,6 × 0,5
'Sebastian Schultheis' 1979	karminrosa	*		++	0,9 × 0,5
'Sneprincesse' 1966	weiß	*		++	0,4 × 0,5
'The Fairy' 1932	rosa	*		++	0,5 × 0,5
'Tom Tom' 1957	starkrosa	*		++	0,7 × 0,5
'Träumerei' 1975	lachsorange	**		++	0,7 × 0,5
'Weiße Gruß an Aachen' 1944	weiß	**		++	0,5 × 0,5
'Weißer Engel' 1966	weiß	*		++	0,5 × 0,5

Zwergrosen

Vielseitig verwendbar sind diese Kleinsten der Rosen. Ob in Kästen, Beeten, auf Terrassen oder als kleine Hecke sind sie ausdauernd und recht gesund. Viele Sorten lassen sich gut antreiben, so daß auch schon im zeitigen Frühjahr Rosen auf dem Fensterbrett stehen können. Die erste kultivierte Zwergrose im Topf war sicher *R. chinensis* 'Minima'. 1815 brachte sie Colonel Roulet mit. Nach ihm wurde sie 'Rouletii' (syn. *R. rouletii*) benannt. Dauerblühend und nur 30 cm hoch wurde sie für viele Züchtungen von Zwergrosen verwendet.

Sortenname (Züchtungsjahr)	Farbe	Duft	Blütezeit M J J A S O N	Winterhärte	Höhe (m)
'Alberich' 1954	johannisbeerrot	*		++	0,3
'Eleanor' 1963	rosa	*		++	0,4
'Guletta' 1976	gelb	*		++	0,3
'Lady Meillandina' 1985	pastellrosa	*		++	0,4
'Orange Meillandina' 1980	orange	*		++	0,4
'Peon' 1935	karminrot	*		++	0,3
'Perla de Alcanada' 1944	karminrot	*		++	0,3
'Pink Meidilland'	pinkrosa	*		++	0,4
'Popcorn' 1973	weiß	*		++	0,4
'Rouletii' (syn. *R. rouletii*) 1815	silbrigrosa	*		++	0,3
'Sunny Meillandina'	pastellgelb	*		++	0,4

Kletterrosen

Unentbehrlich für die Gestaltung um das Haus und im Garten sind die Kletterrosen. Sie werden auch Climber-Rosen genannt. Sie haben dicke und sparrige Triebe, die meist aufrecht wachsen und ein Klettergerüst benötigen. Viele sind Sports von Edelrosen oder Büschelblütigen Rosen.

Sortenname (Züchtungsjahr)	Farbe	Duft	Blütezeit M J J A S O N	Winterhärte	Höhe und Breite (m)
'Alchemist' 1956	gelb-orange	**		+++	3–4
'Aloha' 1949	kräftig rosa	**		++	3
'Climbing Cécile Brunner' 1904	zartrosa	**		++	4
'Climbing Paul Lédé' 1913	perlmutt-rosa	**		+++	4
'Climbing Pompon de Paris'	rosa	*		++	2
'Climbing Schneewittchen' 1968	weiß	*		++	3
'Climbing Souvenir de la Malmaison' 1893	rahm-weiß-rosa	***		++	3
'Colonia' 1988	leuchtend blutrot	*		++	3
'Coral Dawn' 1960	zart altrosa	**		++	3
'Coral Satin' 1960	korallen-rosa	***		++	3
'Goldfassade' 1967	goldgelb	***		++	4
'Goldstern' 1966	goldgelb	*		++	3
'Gruß an Heidelberg' 1959	rot	**		++	3
'Ilse Krohn Superior' 1964	weiß	**		++	3
'Parade' 1953	kräftig pink	**		+++	4
'Paul's Scarlet Climber' 1916	scharlach-rot	*		+++	5
'Schwanensee' 1968	weiß	*		++	2,5
'Sympathie' 1964	samtig dunkelrot	***		++	4

Rambler

Sie sind die eigentlichen Kletterkünstler. Mit weichen schmiegsamen Trieben erklimmen viele selbst die größten Bäume. Wenn keine Kletterhilfe vorhanden ist, kriechen sie viele Meter und bedecken große Flächen. Die meisten Rambler stammen von Wildrosen wie *R. arvensis*, *R. multiflora* und *R. wichuraiana* ab. Sie blühen in Büscheln im Sommer. Die Höhenangaben sind meist leicht untertrieben.

Name (Züchtungsjahr)	Farbe	Duft	Blütezeit M J J A S O N	Winterhärte	Höhe (m)
'Albéric Barbier' 1900	weiß	**		++	5
'Albertine' 1921	korallenrot	***		++	4
'Alexandre Girault' 1908	kräftig rosa	**		++	5
'American Pillar' 1902	rot-weiß	*		++	5
'Ayrshire Queen' 1835	weißrosa	*		++	7
'Blanc Pur' 1827	weiß	*		++	4
'Bobbie James' 1961	weiß	*		++	6
'Chevy Chase' 1939	tiefdunkelrot	**		++	5
'Félicité et Perpétue' 1828	milchweißrosa	**		++	6
'Frau Eva Schubert' 1937	kräftig rosa	*		++	2
'Gardenia' 1899	cremeweiß	**		++	5
'Ghislaine de Féligonde' 1916	zartlachsgelb	*		++	2
'Goldfinch' 1907	primelgelb	*		+++	5
'Hiawatha' 1904	purpurkarmin-weiß	*		++	4
'Janet B. Wood' 1989	weiß	*		++	6
'Kew Rambler' 1912	rosa	**		++	5
'Kiftsgate' 1954	weiß	**		++	6
'Lykkefund' 1930	rahmweiß	***		+++	5
'Maria Lisa' 1925	rosarotweiß	*		++	4
'Mermaid' 1918	hellgelb	**		+	5
'Minnehaha' 1905	rosa	*		++	4

Fortsetzung

Name (Züchtungsjahr)	Farbe	Duft	Blütezeit M J J A S O N	Winter-härt	Höhe und Breite (m)
'Mme Sancy de Parabère' 1874	reinrosa	*		++	4
'New Dawn' 1930	weißlich-rosa	*		+++	4
'Paul Noël' 1913	gelblich-rosa	***		++	4
'Paul's Himalayan Musk Rambler'	zart violettrosa	**		++	7
'Polstjärnan' 1937	reinweiß	*		+++	5
R. helenae	weiß	**		+++	5
'Rose Marie Vieaud' 1924	violett	*		++	5
'Russeliana' 1840	violettrosa	**		+++	5
'Snowflake' 1922	weiß	**		+++	5
'Super Dorothy' 1986	leuchtend-rosa	*		++	3
'Super Excelsa' 1968	leuchtend-rot	*		++	3
'Veilchenblau' 1909	lavendel	*		++	5
'Venusta Pendula' 1928	rosa-weiß	*		++	6
'William Allen Richardson' 1878	bernstein-farben	*		++	3

Wildrosen

Auf der ganzen nördlichen Halbkugel der Erde sind diese einfachen Schönheiten verbreitet. Sie sind flach- oder aufrechtwachsend, fast ohne Stacheln bis stark bewehrt. Viele bekommen ein farbenfrohes Herbstlaub und tragen Hagebutten in allen Formen und Farben. Gerade für naturnahe Gärten sind sie unentbehrlich, denn eine Vielzahl der Tiere leben mit und von ihnen. Wildrosen sollten wurzelecht gepflanzt werden, also aus Samen gezogene oder durch Stecklinge vermehrte Pflanzen. Einige Sorten, die durch Stecklinge sehr schlecht zu vermehren sind, werden auf einer Wildrose veredelt. Beim Pflanzen solcher Sorten sollte recht tief gepflanzt werden, daß sich die Wildrose im Laufe der Zeit „freiwachsen" kann, d. h. sie bildet eigene Wurzeln und die Veredlungsunterlage stirbt später ab.

Name (Züchtungs- bzw. Einführungsjahr)	Farbe	Duft	Blütezeit M J J A S O N	Winterhärte	Höhe und Breite (m)
R. agrestis	weißlich-rosa	*	J	++++	1,5 × 2,5
R. arvensis	weiß	*	J–J	+++	1–2 × 3
R. canina	rosa	*	J	++++	3 × 2
R. californica 1571	dunkel-rosa	*	J–A	++++	2 × 2
R. corymbifera	weiß-rosa	*	J	++++	1,5 × 1,5
R. gallica	rosarot	**	J	++++	0,6–1,5
R. holodonta (syn. R. moyesii 'Rosea') 1908	leuchtend-rosa	*	J	++++	2,5 × 2
R. majalis	hellrot	*	M–J	++++	1,5 × 2
R. marginata	weißrosa	*	J	++++	2 × 2,5
R. mollis	rosa	*	J	++++	1,5 × 2
R. 'Morlettii' 1883	magenta-rosa	*	J–J	++++	3 × 2
R. moschata 1651	weiß	**	J–S	++	2,5 × 2
R. moyesii 1903	leuchtend-purpur	*	J	++++	3 × 3
R. moyesii 'Geranium' 1945	scharlach-rosa	*	J	++++	3 × 3
R. multibracteata 1910	hellrosa	*	J	+++	2–3 × 2
R. multiflora 1860	weiß	*	J	+++	3 × 3
R. multiflora 'Nana' 1891	weiß	*	J–A	+++	1 × 1
R. nitida 1807	reinrosa	*	J–A	+++	0,8 × 1

Fortsetzung

Name (Züchtungs- bzw. Einführungsjahr)	Farbe	Duft	Blütezeit M J J A S O N	Winterhärte	Höhe und Breite (m)
R. × paulii vor 1903	weiß	*		++++	1 × 3
R. × paulii 'Rosea'	reinrosa	*		++++	1 × 3
R. pendulina 1789	rosa-purpur	*		++++	1–1,5
R. pendulina var. pyrenaica	rosarot	*		++++	0,7 × 1
R. pimpinellifolia	weißlich-gelb	*		++++	1 × 1
R. primula 1910	hellgelb	*		++++	2 × 1,5
R. rubiginosa	rosa	*		++++	2,5 × 2
R. rubrifolia (syn. R. glanca)	hellrot	*		++++	2 × 1,5
R. rugosa 1796	hellrot	*		+++	1,5 × 1
R. rugosa 'Alba'	weiß	*		+++	1,5 × 1
R. × rugotida	rosa	*		+++	1 × 1,5
R. sancta (syn. R. × richardii) 1848	hellrosa	*		++++	0,5 × 2
R. setipoda 1895	rosa	*		++++	3 × 2
R. sweginzowii 'Macrocarpa'	hellrot	*		++++	3 × 2
R. tomentosa	reinrosa	*		++++	3 × 3
R. villosa	reinrosa	*		++++	1,5 × 2
R. virginiana	rosa	*		++++	1,5 × 2

Einmalblühende Strauchrosen

Ebenso wie die Wildrosen sind die einmalblühenden Strauchrosen sehr winterhart. Es gibt einfachblühende Sorten ebenso wie gefüllte Sorten. Jede ist auf ihre Art liebenswert.

Name (Züchtungs- bzw. Einführungsjahr)	Farbe	Duft	Blütezeit M J J A S O N	Winterhärte	Höhe und Breite (m)
'Canary Bird'	leuchtend gelb	*		+++	2,5 × 2
'Constance Spry' 1961	hellrosa	*		++++	2–3 × 2
'Fenja'	rosalila	*		+++	2,5 × 2
'Fritz Nobis' 1940	lachsrosa	***		++++	2 × 2
'Frühlingsgold' 1937	goldgelb	***		++++	2 × 2
'Frühlingsmorgen' 1941	karminrosa	*		++++	2,5 × 2
'Persian Yellow' 1837	reingelb	*		++++	1,5 × 1
'Raubritter' 1936	seidigrosa	*		++++	1,5 × 1,5
R. sericea f. *pteracantha* 1890	weiß	*		+++	2,5 × 2
R. canina 'Kiese' 1910	blutrot	*		++++	1,5 × 2

Öfterblühende Strauchrosen

Es sind moderne Sorten, die das ganze Rosenjahr hindurch blühen. Hierzu gehören auch die meisten neuen Englischen Rosen. Das Farbenangebot reicht von Weiß bis zum dunklen Rot.

Sortenname (Züchtungsjahr)	Farbe	Duft	Blütezeit M J J A S O N	Winterhärte	Höhe und Breite (m)
'Abraham Darby' 1985	apricotrosa	**		+++	1,5 × 2
'Bischofstadt Paderborn' 1964	flammendorange	*		++	2 × 1
'Centenaire de Lourdes' 1958	leuchtendrosa	***		+++	1,5 × 2
'Conrad Ferdinand Meyer' 1899	silbrigrosa	***		+++	2,5 × 2
'Dirigent' 1956	blutrot	*		+++	1,5 × 1,2

Fortsetzung

Sortenname (Züchtungsjahr)	Farbe	Duft	Blütezeit M J J A S O N	Winterhärte	Höhe und Breite (m)
'Eden Rose '85' 1985	seidigrosa	*		+++	1,5 × 2
'Elmshorn' 1950	rosarot	*		+++	1,5 × 2
'Erfurt' 1939	gelblich-weiß-rot	**		+++	1,2 × 2
'Feuerwerk' 1962	leuchtend-orange	*		+++	1,5 × 1
'Golden Wings' 1956	schwefel-gelb	*		+++	1,5 × 1
'Glamis Castle' 1992	weiß	**		+++	0,7 × 0,5
'Graham Thomas' 1983	leuchtend-gelb	**		+++	1,5 × 1,5
'Lichtkönigin Lucia' 1966	leuchtend-gelb	**		+++	1,5 × 1
'Marguerite Hilling' 1959	karmin-rosa	*		++++	2 × 3
'Nevada' 1927	weiß	*		++++	2 × 3
'Prospero' 1982	karmesin-rot	*		+++	0,8 × 0,8
'Schneewittchen' 1958	weiß			+++	1,2 × 1,2
'Stanwell Perpetual' 1838	zartrosa	*		++++	1,5 × 2
'Westerland' 1969	gelb-orange	***		+++	1,5 × 2
'Wife of Bath' 1969	zartrosa	*		+++	1,2 × 0,8

Bodendeckerrosen

Die Gruppe der sogenannten Bodendeckerrosen ist ein zusammengewürfelter Haufen. Es sind Rosen, die eigentlich zu den Büschelblütigen, den Rugosa-Rosen, den Wildrosen oder den Ramblern gehören. Zusammengefaßt werden sie hier nur durch den besonderen Verwendungszweck. Da einige Sorten sehr hoch werden, sollte man sie besser flächendeckende Rosen nennen. Viele dieser Rosen werden wurzelecht angeboten. Veredelte Sorten sollten zumindest auf einer Unterlage veredelt sein, die wenige Wildtriebe bildet, z. B. auf *R. laxa*.

Sortenname (Züchtungsjahr)	Farbe	Duft	Blütezeit M J J A S O N	Winter-härte	Höhe und Breite (m)
'Dagmar Hastrup' 1914	zartrosa	*		++++	0,6 × 1
'Fiona' 1979	blutrot	*		+++	0,6–0,8 × 1
'Gelbe Dagmar Hastrup' 1989	gelb	***		+++	1 × 1
'Heideröslein Nozomi' 1968	perlmutt-farben	*		++++	0,4 × 1
'Max Graf' 1919	rosa	*		++++	1 × 1
'Mont Blanc' 1985	reinweiß	**		++++	1 × 0,8
'Monte Casino' 1985	hell lilarot	*		++++	1 × 0,8
'Monte Rosa' 1985	lilarosa	**		++++	1 × 0,8
R. pimpinellifolia 'Repens'	lichtgelb	*		++++	0,4 × 0,6
'Rosa Zwerg' 1985	zartrosa	**		++++	0,8 × 0,8
'Rotes Meer' 1985	lilarot	**		++++	0,8 × 0,8
'Scarlet Meidilland' 1986	orangerot	*		+++	0,8 × 0,8
'Schneekoppe' 1985	weiß-zartrosa	**		++++	0,8 × 0,8
'Sternenflor' 1989	weiß	***		+++	0,4 × 0,5
'Swany' 1977	weiß	*		+++	0,4 × 0,7
'The Fairy' 1932	hellrosa	*		+++	0,5 × 0,6

Begleitpflanzen

Laubgehölze

Um Rabatten aufzulockern, können neben Stauden auch kleine Gehölze verwendet werden. Hier einige Sorten.

Name	Höhe	Blütenfarbe	Beschreibung
Buddleja alternifolia, Schmetterlingsstrauch	1,5 m	lila	schöner überhängender Strauch, blüht Juni–Juli
Caryopteris × clandonensis 'Heavenly Blue', Bartblume	0,8 m	dunkelblau	blüht im September und wird im Frühjahr regelmäßig zurückgeschnitten
Ceanothus americanus, Säckelblume	1 m	weiß bis lilarot	ist nicht in allen Lagen winterhart
Corylopsis pauciflora, Scheinhasel	1,2 m	gelb	breit ausladend, blüht in Trauben
Deutzia gracilis, Deutzie	1 m	weiß	aufrecht wachsend, blüht in kleinen Rispen
Euonimus alatus 'Compacta', Spindelstrauch	1,5 m	gelblich	mit schönen Korkleisten und rotem Herbstlaub
Fothergilla major, Federbuschstrauch	1,3 m	weiß	mit ährenähnlichen Blüten vor dem Austrieb, Herbstlaub orange-karmin
Hibiscus syriacus 'Blue Bird', Roseneibisch	1,5 m	blauviolett mit rotem Auge	Blütezeit im August bis September
Lespedeza thunbergii, Buschklee	1,5 m	purpurrosa	blüht September–Oktober, Winterschutz erforderlich, schön bei Alten Rosen
Perovskia abrotanoides, Blauraute-Silberbusch	1 m	lila	blüht August–September, aromatischer Duft, bedarf Winterschutz

Halbhohe und hohe Stauden

Name	Höhe	Blütenfarbe	Beschreibung
Achillea filipendulina 'Neugold', Schafgarbe	0,7 m	goldgelb	anspruchsloser, robuster Sommerblüher mit doldigen Blütenständen
Campanula persicifolia 'Grandiflora Alba', Glockenblume	1 m	weiß	weiße Blütenglocken im Juni–Juli
Centranthus ruber 'Coccineus', Spornbaldrian	0,7 m	rosa-karmin	Langblüher, auch für trockene Lagen
Delphinium, Rittersporn (Belladonna-Hybriden)			
'Völkerfrieden'	1 m	ultramarinblau	buschig und standhaft
(Elatum-Hybriden)			
'Finsteraarhorn'	1,7 m	enzianblau	mit dunklem Auge und spät blühend
'Jubelruf'	2 m	mittelblau	schlanke hohe Rispe
'Lanzenträger'	2 m	enzianblau	mit weißem Auge
'Sommernachtstraum'	1,5 m	dunkelenzianblau	mit dunklerem Auge, sehr standfest
(Pacific-Hybriden)			
'Black Knight'	1,5 m	dunkelviolett	gut zum Schneiden
'Galahad'	1,6 m	weiß	
'Guinivera'	1,5 m	rosig-lavendel	
Dictamnus fraxinella 'Albiflorus', Brennender Busch	0,8 m	weiß	langlebige Staude mit starkem Duft
Helenium, Sonnenbraut			
'Baudirektor Linne'	1 m	rot	mit brauner Mitte
'Waltraud'	1 m	goldbraun	gelb getönt
Linum perenne, Lein	0,5 m	hellblau	blüht Juni bis August
Macleaya cordata 'Korallenfeder', Federmohn	2 m	hellrosa	große Büsche zur Auflockerung
Scabiosa caucasica 'Clive Greaves', Skabiose	0,8 m	hell-lobelienblau	langblühende Staude, Juni bis Oktober
Stachys densiflora, Ziest	0,4 m	rosa	Blattschmuckpflanze

Bodendeckende Stauden

In Strauchrosenbeete oder zwischen Historische Rosen können bodendeckende Stauden gepflanzt werden.

Name	Höhe	Blütenfarbe	Beschreibung
Antenaria dioicia 'Rubra', Katzenpfötchen	15 cm	rosenrot	guter Teppichbildner
Artemisia stelleriana, Beifuß	40 cm		silbergraues Blatt
Campanula porscharskyana, 'Blauranke', Glockenblume	15 cm	hellila	bildet dichte Polster und macht lange Triebe
Cerastium tomentosum, Hornkraut	15 cm		weißfilziges Hornkraut
Clematis integrifolia, Clematis	50 cm	hellviolett	schöne Staudenclematis mit nickenden Blüten
Iberis saxatilis, Schleifenblume	10 cm	weiß	flache Schleifenblume
'Schneeflocke'	20 cm	weiß	großblumig
Lithospermum diffusum 'Heavenly Blue', Steinsame	20 cm	hell enzianblau	für trockene Plätze
Lavandula angustifolia, Lavendel			
'Hidcote Blue'	50 cm	violettblau	beliebter Rosenbegleiter
'Munstead'	40 cm	dunkelblau	kompakt wachsend
Nepeta × faassenii, Katzenminze	30 cm	lilablau	schnell deckend, sommerblühend
Salvia nemorosa 'Blauhügel'	30 cm	mittelblau	nach der ersten Blüte zurückschneiden
Sedum, Fetthenne	1 cm	in Farben	alle polsterbildenden Sorten
Thymus serpyllum, Feldthymian			
'Albus'	5 cm	weiß	gut begehbar
'Coccineus'	5 cm	rot	

Auch ausdauernde Küchenkräuter passen gut zu Historischen Rosen. Sie können dazu noch Verwendung in der Küche finden.

Gräser

Viele Gräser finden Verwendung, gerade auch als Lückenfüller, bis die Strauchrosen herange-
wachsen sind.

Name	Höhe	Beschreibung
Briza media, Zittergras	0,4 m	Ähre zierlich
Carex morrowii 'Variegata', Japansegge	0,4 m	fast immergrün mit hellen Streifen am Blattrand
Festuca glauca, Blauschwingel	0,4 m	
Festuca scoparia, Bärenfellgras	0,2 m	
Luzula nivea, Schneemarbel	0,4 m	Vorsicht, verbreitet sich schnell!
Miscanthus sinensis 'Silberfeder', Chinaschilf	2 m	als Hintergrundbepflanzung
Panicum virgatum 'Rehbraun', Rutenhirse	1 m	schöne Blatt- und Halmfärbung
Pennisetum compressum, Federborstengras	0,8 m	
Stipa pennata, Mädchenhaargras	0,6 m	flauschig, federartige, sehr lange Grannen

Verzeichnisse

Rosenschulen mit Versand

 Deutschland

Gönewein – Rosen
Steinfurther Hauptstraße 1–5
61231 Bad Nauheim-Steinfurth

Goos – Baumschulen
Alte Hohl 7
69168 Wiesloch-Baiertal

Hetzel – Baumschulen
Am Stadion 18
75038 Oberderdingen

Ingwer J. Jensen
Am Schloßpark 2 b
24960 Glücksburg

W. Kordes' Söhne
Rosenstraße 54
25365 Klein Offenseth-Sparrieshoop

Werner Noack
Im Fenne 54
33334 Gütersloh

Rosen-Union
Steinfurther Hauptstraße 25
61231 Bad Nauheim-Steinfurth

Walter Schultheis
Bad Nauheimer Str. 3–7
61231 Bad Nauheim-Steinfurth

BKN – Strobel
Wedeler Weg 62
25421 Pinneberg

Rosen-Tantau
Tornescher Weg 13
25436 Uetersen

 Österreich

Grumer Rosen
Im Marchfelde
2285 Leopoldsdorf

Gärtner Starkl
Baumschulen, Garten-Center
3430 Frauenhofen/Tulln

 Schweiz

Hauenstein AG
Baumschulen
8197 Rafz/ZH

Roseraies Hauser
Vaumarcus
Lac de Neuchâtel

Richard Huber
Rotbühl 10
5605 Dottikon

Rosenstädte, Rosendörfer, Rosenkreise

Rosenstadt Baden-Baden
Bäder- und Kurverwaltung/Gartenamt
Winterhalter Straße 6
76530 Baden-Baden

Rosenstadt Dortmund
Deutsches Rosarium VDR
An der Buschmühle 33
44139 Dortmund

Rosenstadt Eltville am Rhein
Verkehrsamt
Schmittstr. 2
65343 Eltville am Rhein

Rosenkreis Neunkirchen
Herrn Dr. Hinsberger
Wilhelm-Heinrich-Straße
66564 Ottweiler

Rosendorf Nöggenschwil
Verkehrsverein
79809 Weilheim

Rosendorf Schmitshausen
Bürgermeisteramt
66484 Schmitshausen

Rosenstadt Sangerhausen
Rosarium Sangerhausen
Steinberger Weg 3
06526 Sangerhausen

Rosendorf Seppenrade
Heimatverein
59348 Lüdingshausen-Seppenrade

Rosendorf Steinfurth
Ria Steinhauser
Rosenstr. 22
61231 Bad Nauheim-Steinfurth

Rosenstadt Uetersen
Gartenamt
25346 Uetersen

Rosenstadt Zweibrücken
Gartenamt der Stadt Zweibrücken
66482 Zweibrücken

Rosenvereine

Verein Deutscher Rosenfreunde e. V. (VDR)
Waldseestr. 14
76530 Baden-Baden

Gesellschaft Schweizerischer Rosenfreunde
c/o Dietrich Woessner
Nelkenstr. 26
CH-8212 Neuhausen am Rheinfall
oder c/o Rita Liechti
Bahnhofstr. 11
CH-8640 Rapperswil

Österreichische Gartenbaugesellschaft
Rosenfreunde
Parkring 12
A-1010 Wien

Rosarien und Rosengärten

Deutschland

Baden-Baden:
Gönneranlage, Lichtentaler Allee;
Rosenneuheitengarten Beutig, Moltkestraße

Bad Nauheim-Steinfurth:
Schaugärten der Firmen:
Gönewein, Rosen-Union, Schultheis
Rosenmuseum

Berlin:
Rosengarten im Großen Tiergarten,
Rosengarten im Volkspark Mariendorf,
Britzer Garten

Bonn:
Freizeitpark Rheinaue

Coburg:
Rosengarten Coburg

Delitzsch:
Rosengarten am Wallgraben

Dortmund:
Deutsches Rosarium VDR
Westfalenpark

Dresden:
Rosengarten am Neustädter Elbufer

Erfurt:
Rosengarten der EGA

Essen:
Rosarium in der Gruga

Eutin:
Rosengarten

Forst/Lausitz:
Rosengarten

Frankfurt am Main:
Rosengarten im Palmengarten

Hamburg:
Rosengarten im Hamburger Stadtpark
Wallringpark

Hannover:
Stadtpark,
Schloßpark Herrenhausen

Karlsruhe:
Stadtgarten

Kassel:
Park Wilhelmshöhe,
Botanischer Garten

Lahr:
Rosengarten im Stadtpark

Ludwigsburg:
Blühendes Barock

Ludwigshafen:
Ebertpark

Mainau:
Italienischer Rosengarten
auf der Insel Mainau,
Straße der Wildrosen

Mainz:
Stadtpark

Mannheim:
Herzogriedpark,
Luisenpark

Marburg:
Rosengarten im Schloßpark

München:
Rosengarten im Westpark (IGA 83)
Rosengarten im Botanischen Garten

Nöggenschwil:
Rosendorf (Pflanzung im Dorf)

Pinneberg:
Rosengarten

Potsdam:
Rosengarten am Schloß Sanssouci

Rethmar bei Hannover:
Prüfgarten des Bundessortenamtes

Saarbrücken:
Deutsch-Französischer Garten

Sangerhausen:
Rosarium (größte Rosensammlung der Welt)

Schmitshausen:
Rosendorf (Pflanzung im Dorf)

Seppenrade:
Rosendorf (Pflanzung in Dorf und Rosengarten)

Stuttgart:
Höhenpark Killesberg (IGA 93)

Torgau:
Schloß Hartenfels

Trier:
Rosengarten im Nellspark

Uetersen:
Rosarium Uetersen

Walsrode:
Vogelpark

Weihenstephan:
Sichtungsgärten

Zweibrücken:
Rosengarten

▲ **Österreich**
Baden (bei Wien):
Österreichisches Rosarium

Linz:
Botanischer Garten

Wien:
Rosarium im Donaupark

▲ **Schweiz**
Genf:
Parc de la Grange

Neuhausen:
Rosengarten auf Charlottenfels

Rapperswil:
Rosen in der Stadt

Bildquellen

D. Austin, GB-Wolverhampton: Foto Seite 47 unten.

A. Bärtel, Waake, Foto Seite 35 Mitte, 59 oben, 63 rechts.

P. Beales, GB-Attlebourough: Foto Seite 34 oben.

I. Lehmann, Kippenheim: Foto Seite 40 oben, 42 unten, 48 Mitte, 54 Mitte, 63 links.

C. Meile, Diedorf-Anhausen: Foto Seite 18 (2), 24 oben, 29 Mitte und unten, 41 (2), 62 oben.

E. Morell, Dreieich: Titelbild unten links und rechts, Foto Seite 17, 35 oben, 36 unten, 38 (3), 40 Mitte, 46 oben und Mitte, 48 oben, 52 Mitte, 53 links , 54 unten, 55 Mitte.

H. Reinhard, Heiligkreuzsteinach: Titelbild oben rechts, Foto Seite 34 Mitte, 35 unten, 47 oben, 51 Mitte, 55 oben, 56 oben, 61 Mitte, 62 unten.

Rosen-Union, Bad Nauheim-Steinfurth: Foto Seite 36 oben, 39 Mitte und unten, 94 unten.

Heinrich und Regina Schultheis, Bad Nauheim-Steinfurth: Foto Seite 19 (3), 20 (3), 21 oben und unten, 22 (3), 23 oben und unten, 24 Mitte und unten, 25 (3), 26 (3), 27 (3), 28 oben, 29 (3), 30 (3), 31 (3), 32 (2), 33 oben und unten, 34 unten, 37 (2), 39 oben, 40 unten, 42 oben und Mitte, 43 (3), 44 (3), 45 (3), 46 unten, 47 Mitte, 48 unten, 49 (2), 50 oben und Mitte, 51 oben und unten, 52 oben, 53 rechts, 54 oben, 55 unten, 56 Mitte und unten, 57 (3), 58 (3), 59 Mitte und unten, 60 (2), 61 oben und unten, 62 Mitte, 64 oben und Mitte.

S. Seidl, Altdorf: Titelbild Mitte rechts, Foto Seite 21 Mitte, 23 Mitte, 33 Mitte, 36 Mitte.

H. und K. Urban, Frankfurt: Foto Seite 64 unten.

F. Nassau, Mainz: Foto Seite 52 unten.

Die Zeichnungen fertigte Helmuth Flubacher, Fellbach, nach Vorlagen und Angaben des Verfassers.

Die Zeichnungen auf Seite 90, 91 und 94 wurden dem Buch „Das Schneiden der Rosen" von Dietrich Woessner (Verlag Eugen Ulmer, Stuttgart 1994) entnommen.

Die Zeichnung auf Seite 97 oben rechts fertigte Yvonne Escher-Vuillermier, CH-Wermatswil, und wurde dem Buch „Biologischer Pflanzenschutz im Garten" von Otto Schmid und Silvia Henggeler (Verlag Eugen Ulmer, Stuttgart 1990) entnommen.

Literatur

Austin, D.: Alte Rosen und Englische Rosen. DuMont, Köln 1993.

Austin, D.: Strauchrosen und Kletterrosen. DuMont, Köln 1995.

Beales, P.: Klassische Rosen, Blütenträume für jeden Garten. DuMont, Köln 1992.

Bünemann, O.: Der große GU Ratgeber Rosen. Die schönsten Rosen für kleine und große Gärten. Gräfe und Unzer, München 1993.

Cairns, T.: Modern Roses 10. The American Rose Society Shreveport, Louisiana, USA 1993.

Genders, R.: Die Rose. Albert Müller Verlag, Rüschlikon 1968.

Jacob, A., Grimm, H. und W., Müller, B.: Alte Rosen und Wildrosen. Verlag Eugen Ulmer, Stuttgart 1992.

Jäger, A.: Rosenlexikon. Zentralantiquariat der DDR 1960.

Krüssmann, G.: Rosen, Rosen, Rosen. Verlag Paul Parey, Hamburg und Berlin 1974.

Meile, H. u. Ch.: ... ich habe die Träume meiner Kindheit in einem Garten wiedergefunden. Hofmann-Verlag, Augsburg 1991.

Meile, H. u. Ch.: ... ich habe die Lust zu Reisen gegen einen Rosenstrauch eingetauscht. Stadler Verlagsgesellschaft, Konstanz 1992.

PPP Index, Pflanzeneinkaufsführer für Europa. Verlag Eugen Ulmer, Stuttgart 1995.

Rosenverzeichnis, Rosarium Sangerhausen, 1988, 4. Aufl.

Schultheis, Gebr.: Deutsches Rosenbuch. Buchhandlung Gustav Weiland, Lübeck, Reprint 1979.

Steinhauer, H.: Rosen. Falkenverlag, Niedernhausen 1993.

Taylor, P.: Die 200 schönsten Strauch- und Kletterrosen. Verlag Eugen Ulmer, Stuttgart 1995.

Woessner, D.: Das Schneiden der Rosen. Verlag Eugen Ulmer, Stuttgart 1992.

Woessner, D.: Das praktische Rosenbuch, Verlag Eugen Ulmer, Stuttgart 1996.

Register

Die gültigen Wissenschaftnamen sind kursiv, Synonyme in steiler Schrift gesetzt. Seitenzahlen mit Sternchen* verweisen auf Abbildungen.